CONVITE À REFLEXÃO

SARTRE E O
HUMANISMO

SARTRE e o HUMANISMO

Franklin
Leopoldo
e Silva

70　　　discurso editorial

SARTRE E O HUMANISMO
© Almedina, 2019
Publicado em coedição com a Discurso Editorial
AUTOR: Franklin Leopoldo e Silva
COORDENAÇÃO EDITORIAL: Milton Meira do Nascimento
EDITOR DE AQUISIÇÃO: Marco Pace
PROJETO GRÁFICO: Marcelo Girard
REVISÃO: Roberto Alves
DIAGRAMAÇÃO: IMG3
ISBN: 9788562938139

Dados Internacionais de Catalogação na Publicação (CIP)
(Câmara Brasileira do Livro, SP, Brasil)

Silva, Franklin Leopoldo e
Sartre e o humanismo / Franklin Leopoldo e
Silva. -- São Paulo : Almedina, 2019.
Bibliografia.
ISBN 978-85-62938-13-9
1. Existencialismo 2. Humanismo 3. Liberdade
4. Sartre, Jean Paul, 1905-1980 5. Subjetividade
I. Título.

19-27642   CDD-142.78

Índices para catálogo sistemático:

1. Sartre : Existencialismo : Filosofia 142.78

Cibele Maria Dias - Bibliotecária - CRB-8/9427

Este livro segue as regras do novo Acordo Ortográfico da Língua Portuguesa (1990).

Todos os direitos reservados. Nenhuma parte deste livro, protegido por
copyright, pode ser reproduzida, armazenada ou transmitida de alguma forma
ou por algum meio, seja eletrônico ou mecânico, inclusive fotocópia, gravação
ou qualquer sistema de armazenagem de informações, sem a permissão
expressa e por escrito da editora.

Agosto, 2019

EDITORA: Almedina Brasil
Rua José Maria Lisboa, 860, Conj.131 e 132
Jardim Paulista I 01423-001 São Paulo I Brasil
editora@almedina.com.br
www.almedina.com.br

Índice

Introdução	9
1. Liberdade e Subjetividade	17
2. Liberdade e Situação	33
3. Transcendência e Temporalidade	55
4. História e Subjetividade	75
5. Humanismo e Responsabilidade	105
Conclusão	129
Referências bibliográficas e abreviaturas	139

Introdução

A FAMOSA CONFERÊNCIA, que é também um dos textos mais conhecidos de Sartre, tem como título uma afirmação direta: "O Existencialismo é um humanismo". E como se trata de uma defesa do existencialismo, poderíamos até arriscar uma ênfase maior: o existencialismo é o único humanismo autêntico e verdadeiro. Com efeito, o autor se esforça para mostrar que a especificidade através da qual se deve compreender a *existência* no caso da realidade humana, isto é, a sua prioridade em relação à essência, faz com que a *humanidade* seja concebida num nível de radicalidade jamais atingido por qualquer outra teoria filosófica que se tenha preocupado com a compreensão do ser humano. E o fato de que a recusa de atribuir uma essência é também a recusa de definir (já que definir seria fazê-lo *pela essência*, segundo uma poderosa tradição) abre um horizonte de compreensão que nos proíbe encerrar o conhecimento da realidade humana em conceitos e formas categoriais que condicionam verdades cristalizadas. O conhecimento da existência humana é e será sempre uma questão aberta ou a continuidade de uma interrogação. Nesse sentido, *humano* ou *humanidade* não são conceitos cognitivos, assim como não são princípios éticos.

Um conceito é sempre um modo de ordenar a realidade, o que significa estabelecer formas que consistem em meios de enquadrar a realidade em limites de possibilidades de conhecimento previamente demarcados lógica e metodologicamente. Por isso os conceitos nos permitem resolver questões. Julgamos que conhecemos algo quando encontramos o conceito que torna viável responder a alguma pergunta: para tanto transformamos a pergunta em um *objeto* susceptível de ser examinado conceitualmente. Como estabeleceu Kant, a razão nos fornece as condições de possibilidade e o conteúdo nos dá as condições de realidade: a síntese que a partir daí se produz é a construção do conhecimento. O conceito é o instrumento lógico que nos permite articular a realidade nos termos da relação fundamental entre essência e atributos. Observe-se que essa concepção de conhecimento é totalmente dependente de referenciais estáveis, isto é, de uma realidade representada conceitualmente. Admitimos que conceitos representam adequadamente referências que nos permitem reconhecer a estabilidade ontológica, de tal modo que haveria uma correspondência entre a lógica do conceito e a estabilidade do real.

Do ponto de vista ético, as normas governam nossas ações assim como os conceitos estruturam

INTRODUÇÃO

nosso conhecimento. Na articulação da prática, os critérios éticos desempenham a função de referências que nos permitem reconhecer as possibilidades de ação e discernir entre elas. Desse ponto de vista, critérios, normas e princípios admitidos sempre anteriormente às ocasiões de agir projetam no universo da práxis a estabilidade necessária à ordem do mundo da ação. Atuam como meios de ordenamento que ensejam a orientação prática. Por isso nossas possibilidades de agir são filtradas por esses elementos de tal modo que é a partir deles que efetuamos nossas escolhas. O que está implícito nessa relação é que o Bem condensa uma série de regras que explicitamos em nossa vida através de um certo exercício de racionalidade cujo modelo, formulado há muito tempo e que sofreu diversas variações, é o paralelismo entre o *melhor* e o *verdadeiro*. Na passagem do *Bem* à *melhor ação* há um movimento de explicitação que ocorre por meio de várias mediações que vão desde a formação individual até as exigências sociais, passando por diversos tipos de convicções que interiorizamos ao longo de nossa história e das condições em que a vivemos. A maneira pela qual nossa subjetividade compõe esses elementos na produção das escolhas é o que chamamos de livre-arbítrio.

A experiência configurada nesse modo pelo qual nos fazemos presentes a nós mesmos, às coisas e aos outros aparece como humanismo quando essa experiência se desenvolve a partir de um centro no qual estaria o Homem, seu conhecimento, suas ações e suas instituições. Por isso é dada tanta relevância à figura de Sócrates na história da filosofia: ele não é o primeiro filósofo, mas sua figura é o emblema da filosofia exatamente porque fez convergir, de forma muito nítida, as preocupações do conhecimento e o interesse ético. Essa postura se reflete na intuição cartesiana do sujeito como princípio metafísico e na sistematização kantiana das formas da subjetividade transcendental. O humanismo é, na sua maior generalidade, a prevalência da razão humana.

Esse quadro tradicional, que expusemos de forma tosca e esquemática, foi profundamente subvertido pelo existencialismo de Sartre, o que redundou na instauração de um outro humanismo. Podemos resumir as características mais notáveis da filosofia de Sartre em algumas afirmações que serão desenvolvidas a seguir. Todas se referem a uma significativa reformulação da perspectiva humanista.

No caso da realidade humana, a existência precede a essência. Essa tese célebre significa que, ao contrário dos outros entes, o homem não tem o seu ser determinado por uma essência pré-existente, seja de modo real, seja logicamente. Essa ausência de essência, e a consequente indeterminação, configuram o que chamamos de *existência*, que corresponde ao vir-a-ser ou ao devir, que a tradição opunha ao ser ou concebia como sua explicitação.

INTRODUÇÃO

Existência como devir ou vir-a-ser significa *processo*, isto é, contínuo fazer-se da realidade humana na ação de se constituir ou de constituir a sua subjetividade. Esse processo não tem uma origem determinada nem tampouco uma finalidade formal ou ontologicamente estabelecida, pela qual ele pudesse ser explicado como um percurso destinado a constituir uma totalidade em que as contradições do vir-a–ser se resolvessem ou se conciliassem num *ser*.

A ausência de essência determinante e de totalidade determinada, e a consequente abertura do processo, fazem da finitude uma realidade indefinida, razão pela qual a realidade humana é uma questão e o homem uma interrogação de si. Consequentemente, o conhecimento do que seja o humano ou a humanidade, no processo de sua história, não pode receber um tratamento lógico-conceitual que almeje uma verdade analítica.

Indeterminação quer dizer liberdade. Esta não deve ser considerada como qualidade, predicado, atributo ou faculdade, como por vezes ocorre nas filosofias tradicionais. É a pura e simples indeterminação da existência que nos leva a considerá-la livre. A liberdade não se acrescenta ao sujeito porque se identifica com sua realidade ontologicamente. A ausência de origem determinante e de totalidade determinada nos leva a relacionar a existência com uma gratuidade inicial ou com a radicalidade de uma liberdade originária.

Ao caráter radicalmente originário da liberdade corresponde uma concepção igualmente radical da responsabilidade, derivada da indeterminação da existência. O sujeito não tem com quem dividir a responsabilidade pelos atos livres porque a escolha sempre emana da indeterminação existencial e da contingência histórica. À gratuidade corresponde a solidão e à radicalidade o desamparo do homem inteiramente livre.

Por consequência, o conhecimento da realidade humana só pode ser uma fenomenologia da liberdade em ato. Essa ontologia fenomenológica, que no caminho de sua descrição encontra a historicidade, se desdobra no exame da existência histórica como exercício da liberdade situada ou elucidação da dialética que deve ser suposta na relação entre as condições objetivas e subjetivas do exercício da liberdade.

É nessa concepção do homem entregue a si mesmo que desponta o humanismo de Sartre, implicado na liberdade e na responsabilidade radicais. Não se trata da autonomia iluminista, em que a força da razão e de suas projeções prescritivas parece constituir meios seguros de dominar finalmente a contingência e a adversidade. O humanismo não consiste na maneira mais fácil de ser humano, nem numa forma de enaltecimento do homem. O verdadeiro humanismo convoca o homem a assumir liberdade e compromisso, inseparáveis da existência autêntica.

A liberdade difícil ("o homem está condenado a ser livre") foi algumas vezes confundida com niilismo, porque se tomou a indeterminação, que também é a ausência de valores previamente determinados, como a impossibilidade de todo valor. O que Sartre entende, no entanto, é que a liberdade radical só é compatível com a invenção de valores, numa instância tão originária que se pode dizer que, no exercício constante da liberdade, o homem inventa continuamente o homem. Essa responsabilidade por determinar-se na contingência através de escolhas e atos pelos quais o sujeito se constitui é uma tarefa ética singular. Ela ocorre quando o homem assume o processo de existir, isto é, de tornar-se sujeito, negando e transcendendo pela liberdade a iminência da alienação. Humanidade não é sempre sinônimo de positividade; o homem é capaz de desumanização, caso em que ele continua sendo o ser humano que passou a negar em si e nos outros. Por isso ele pode negar essa desumanidade, transcendê-la, reencontrar-se e reconhecer-se. O humanismo não é um estado que nos qualifique, mesmo de direito, existencial e historicamente; é uma tarefa da existência histórica.

1. Liberdade e Subjetividade

A DENOMINAÇÃO *PARA-SI* pela qual Sartre designa a existência subjetiva deve ser esclarecida através da expressão oposta, *Em-si*, que se refere ao ser objetivo, aquele que não se constitui porque já *é*, completo e pleno de si. Ser em-si significa ser tudo o que se pode ser, na densidade da própria plenitude. A formulação de Parmênides, "o ser é, o não-ser não é" indica, na sua implacável simplicidade, não a tautologia, como se poderia a princípio pensar, mas a lacônica expressão de uma identidade inesgotável, a ser infinitamente analisada. Quando dizemos que tal ser é, em regime intransitivo, queremos nos referir não ao sujeito predicável, mas à completude do ser como ação absoluta que nada predica, que não adjetiva qualquer sujeito, mas que se põe na unicidade total da completude, a qual exclui até mesmo dizer que seja *por* si, já que, estando além de qualquer modalidade ou flexão, não cabe atribuir-lhe nem mesmo acausação. Desse caráter denso, completo e opaco do Em-si faz parte, naturalmente, a inciência, pois a imediatidade de sua adesão a si é tanta que não se pode abrir a brecha da distância de si a si, o vácuo onde aconteceria o conhecimento. Nenhum interstício afeta o ser que é total e plenamente em si mesmo.

Por isso as dicotomias tradicionais, como interioridade / exterioridade, possível /real, mesmo / outro, etc., não se aplicam ao Em-si. "O ser é. O ser é em-si. O ser é o que é" (SN, 40): isso é tudo que se pode dizer da dimensão em-si do ser. O Para-si, ao contrário, é dividido; poder-se-ia dizer até que ele é divisão, se pudéssemos afirmar algo acerca dele, além de descrever o seu caráter paradoxal, que se poderia enunciar pelas seguintes negações: o Para-si não é. O Para-si não é em-si. O Para-si não é o que é. A princípio essa carga de negatividade chega a estranhar. Com efeito, a tradição da filosofia moderna, na medida em que tem como centro a subjetividade, habituou-nos a ver no sujeito o ser fundamental, a plenitude primeiramente alcançada, talvez mesmo a única forma de absoluto a que possamos aceder, o princípio do conhecimento e o primado ontológico. Nesse sentido o *si*, de tão forte presença na expressão *si-mesmo* ou em enunciados como *consciência de si* e outros tantos sinônimos de *sujeito* parecem denotar que a única garantia possível de acesso ao ser pleno coincide com a autoafirmação do ser na sua instância subjetiva.

Entretanto, a reflexão que Sartre leva a cabo na sua descrição do Para-si nos conduz a algo bem diferente. Tomemos, por exemplo, a subjetividade na

LIBERDADE E SUBJETIVIDADE

sua expressão mais imediata: consciência *de si*: já ao enunciá-la nos deparamos, não com uma unidade, mas com uma dualidade, pois se o *si* representa nesse caso o ser do sujeito, a *consciência* de si mostra que essa representação envolve a duplicidade inerente à reflexão: consciência *de* si. Essa diferença que se interpõe na apreensão da subjetividade indica que o sujeito é tudo, menos plenitude: sua principal característica é, justamente, *não ser*-em-si. É nesse sentido que o Para-si se opõe ao Em-si: na modalidade subjetiva do ser-para-si, fica completamente descaracterizada a ideia de suficiência e plenitude que integram o caráter "maciço" do ser-em-si. "Essa presença a si tem sido considerada comumente como uma plenitude de existência, e um preconceito muito difundido entre os filósofos faz com que seja conferida à consciência a mais elevada dignidade de ser. Mas tal postulado não pode ser mantido depois de uma descrição mais avançada da noção de presença. Com efeito, toda *presença a* encerra dualidade e, portanto, separação, ao menos virtual. A presença do ser a si mesmo implica um desgarramento do ser com relação a si" (SN. 125-6).

Isso pode ser aferido se examinarmos o significado da expressão Para-si: *para* com indicativo de direção e *si* como indicativo do ser subjetivo. Para-si quer dizer a ida na direção de si, um percurso para atingir o ser, um itinerário para a constituição da identidade, que no entanto não se definem pela meta a ser alcançada mas pelo processo pelo qual se busca alcançá-la. Assim, a direção *para* é constituinte do sujeito e por isso dizemos que seu *ser* consiste em *existir*, isto é, em vir-a-ser de modo indeterminado. Constituímo-nos *para ser,* mas não chegamos propriamente a ser: o *si* do Para-si nunca se consolidará como ser. Nesse sentido, o Para-si não *é.*

Mas o que o caracteriza é lançar-se para ser, projetar-se, como se o ser fosse algo a realizar nesse movimento. A concepção fenomenológica da intencionalidade da consciência é, para Sartre, a grande descoberta de Husserl. Por ela entendemos que a consciência não é uma coisa ou uma forma, um receptáculo de conteúdos ou um sistema lógico de captação de realidades, mas um simples movimento na direção das coisas. Intencionalidade significa, para Sartre, que a consciência é um *fora*, que ser consciente significa ir em direção às coisas e que apreendê-las não equivale a prendê-las na substancialidade do ego metafísico ou encerrá-las nas possibilidades do Eu sistêmico e transcendental.

Na descrição ontológica realizada por Sartre através da fenomenologia, esse movimento torna-se a projeção constitutiva da consciência que, portanto, está sempre longe, além daquilo que poderia ser qualquer referência estável da subjetividade. Essa experiência de constituir-se além e à frente faz com que se possa dizer que o Para-si, que não *é* no sentido de uma estabilidade substancial ou formal já dada, *é*, de

LIBERDADE E SUBJETIVIDADE

alguma forma, na dimensão em que ainda não é, no futuro, no porvir em que virá-a-ser. Não é o que é, e é o que ainda não é. Esse modo paradoxal de enunciar o processo de existir visa acentuar o movimento constitutivo do Para-si. Estamos habituados a entender que o movimento é atributo de algo que em si mesmo é imóvel e estável. Mas Bergson já havia assinalado que o movimento em si mesmo possui prioridade sobre o objeto que se move. É nessa direção que Sartre pensa o caráter constituinte do movimento do Para-si, ou o Para-si como movimento, que na filosofia da existência recebe a designação de *projeto*.

A palavra *projeto* significa que o movimento do Para-si é a um tempo ontológico e ético. A inessencialidade do sujeito faz dele um contínuo processo de constituição de si, que o lança para frente ao longo do percurso existencial. Esse movimento ontológico se duplica nas escolhas morais que constituem o projeto de ser, sempre renovado porque sempre necessariamente incompleto, já que o ser é inatingível. É a total indeterminação que redunda nas escolhas absolutas pelas quais o Para-si se lança no itinerário de sua autoconstituição. Por isso a indeterminação é liberdade radical ou ação verdadeiramente livre.

Escolher é próprio de um ser livre e indeterminado. Mas a indeterminação e a liberdade, nesse caso, supõem a ausência de qualquer fundamento que anteceda a escolha. A tradição das teorias éticas nos habituou a não separar as opções morais dos critérios que as governam:

quanto mais claro o critério, mais firme o discernimento. Nesse sentido, nossas opções. E as ações que as concretizariam, seriam como consequências de princípios antecedentes de que disporíamos para efetuar as escolhas. No limite, a liberdade estaria em escolher o critério que nos determinaria a escolher. Para isso teríamos que dispor desses critérios, que poderiam provir de várias fontes: a tradição, a sociedade, a religião, o grupo, as convicções formadas ou o próprio sujeito enquanto "caráter" estável a guiar nossa conduta.

Ora, a indeterminação existencial, ou a liberdade radical, não condizem com tabelas de verdades éticas previamente existentes. Quando dizemos que o Para-si não é o que é e é o que ainda não é, essa concepção da subjetividade anula todas as referências estáveis que porventura poderiam fornecer parâmetros de opção. Escolher radicalmente não significa escolher entre opções já existentes ou mesmo escolher a partir de valores já existentes. A escolha existencial só pode ser invenção, tanto da ação quanto do critério da ação. Como a realidade humana não possui essência determinante, não há um mundo de ideias para o qual se possa apelar em prol da opção pela melhor conduta. Tampouco a consolidação histórica e material de critérios possui força impositiva que se sobreponha à liberdade, a ser exercida a cada momento e a cada acontecimento.

Isso não significa a presença de uma força humana capaz de anular os fatos e de amoldar o mundo à

LIBERDADE E SUBJETIVIDADE

nossa vontade. A liberdade é, antes de tudo, potência de negação. Não é por acaso que a negatividade está tão presente já na constituição ontológica do Para-si, negação do Em-si. A realidade que nos cerca é opressiva e plena de obstáculos à liberdade. Mas do fundo mesmo dessa situação opressiva a simples aspiração à liberdade já significa que podemos negar o que parece nos ter sido dado a viver, o que já configura um processo de libertação. Somos livres para desejar ser livres. Parece pouco, mas é uma prova da liberdade, porque sequer a teríamos em mente se não fossemos livres para, pelo menos, tentar nos libertar. Na verdade, o projeto existencial repousa nessa possibilidade: o universo de possíveis que se abre para a realidade humana, na medida mesma em que não há uma essência que determine essa realidade, permite uma relação estreita entre liberdade e possibilidade. O homem é o ser dos possíveis porque é livre para tentar realizar possibilidades, negando a realidade dada. E a eleição de uma possibilidade, isto é, a formulação de um projeto, está sempre relacionada com a negação do que é dado e das possibilidades não escolhidas. Para que se passe de um estado de fato a outro, é preciso um ato: seria um grosseiro naturalismo supor que um estado de fato gera outro como a causa gera o efeito. O conjunto de fatos (de várias espécies) que podemos agrupar sob o nome de "feudalismo" não causou por si só o outro conjunto de fatos a que chamamos "capitalismo". Para que essa mudança ocorresse, houve a mediação dos atos, o peso das ações humanas no processo da existência histórica. Só há "possível" no universo da representação humana dos fatos, exatamente porque a passagem de um estado de fato a outro envolve a negatividade inerente à ação, isto é, á liberdade do Para-si. Mais do que isso, não é o estado de fato que motiva diretamente o ato; essa passagem do fato ao ato é outro erro naturalista. A origem do ato é a liberdade, portanto a negação do fato, não o próprio fato. É pela liberdade que captamos os fatos pelo viés da negatividade, *e atuamos noutro sentido*. "Nenhum estado de fato, qualquer que seja (estrutura política ou econômica da sociedade, 'estado' psicológico, etc.) é capaz de motivar por si mesmo qualquer ato. Pois um ato é uma projeção do Para-si rumo ao que não é, e aquilo que é não pode absolutamente por si mesmo determinar o que não é" (SN, 539).

A identificação da subjetividade com a liberdade nesse grau de radicalidade traz como consequência outro elemento importante nessa vinculação entre ontologia e ética: a *responsabilidade*. Com efeito, a escolha absolutamente livre que cada sujeito tem que fazer por si mesmo não é solidária de um subjetivismo extremo, como poderia parecer. A condição humana supõe o desamparo, consequência da liberdade radical e originária. Confundir essa solidão e esse desamparo com subjetivismo seria reduzir a descrição ontológica da subjetividade (e suas implicações

LIBERDADE E SUBJETIVIDADE

éticas) a algo como um relativismo psicológico. A liberdade radical, a indeterminação, indicam um aprofundamento da marca da finitude. O sujeito é ontologicamente só e insuficiente: por isso a descrição ontológica remete tão constantemente à ética. Esse sujeito singular que escolhe por si mesmo encarna a condição humana: suas escolhas são as escolhas do homem e, por isso, é a humanidade que está em jogo, não na abstração da ideia de gênero, mas na concretude de uma realidade compartilhada, condição que Sartre designará com uma palavra forte: encarnação. A responsabilidade é inerente a essa escolha e a esse inevitável exercício da liberdade.

Quando o indivíduo escolhe sua responsabilidade é total porque ele escolhe unicamente a partir de si mesmo, isto é, inventa a ação e o valor que pode justificá-la. Mas não o faz como um exercício de soberania da consciência e sim a partir da inevitabilidade do fardo da liberdade. Essa indeterminação inicial é própria da condição humana, cuja realidade cada um vive singularmente no processo de suas próprias escolhas. Essa encarnação singular da realidade humana impede que a escolha individual seja apenas parte de um ato individualista. Se há determinação da individualidade (o que examinaremos mais adiante), essa determinação só pode provir da universalidade. Mas como não há uma essência universal da qual os indivíduos seriam exemplares, essa universalidade aparece sempre singularizada em cada sujeito, de modo que a relação entre o universal e o singular não pode ser pensada apenas segundo a lógica da subordinação do particular ao geral. Isso significa que o indivíduo singular não está apenas incluído no universal, como o particular faz parte do geral; o indivíduo singular é fruto de um processo de singularização das condições universais. O universal está nele e ele está no universal, não como relação entre parte e todo, mas como resultado de um processo qualitativo de tensão dialética, como veremos posteriormente.

Basta, por enquanto, no que concerne à responsabilidade, compreender que o indivíduo não é um particular de uma série, mas uma totalidade singular composta de universalidade e singularidade. Assim, quando cria sua ação e o valor que lhe corresponde, não o faz como indivíduo particular, parte destacada de um conjunto que seria a totalidade numérica de indivíduos agentes, mas sua ação, tal como ele mesmo, corresponde à singularidade que não pode ser separada da universalidade, como a parte pode ser eventualmente separada do todo. Sendo o indivíduo um universal-singular, suas escolhas e suas ações correspondem a essa condição. Portanto é preciso dizer que toda escolha singular implica um sentido universal. Se escolho agir de certa maneira, a partir de certo critério, e o faço enquanto indivíduo que encarna a realidade humana, é a humanidade que está implicada em minha escolha. Minha

LIBERDADE E SUBJETIVIDADE

responsabilidade não é apenas relativamente a mim, mas à realidade que encarno e que represento visceralmente. É dessa maneira que escolho por todos e para todos, embora na solidão e no desamparo.

Ao falar da tortura de prisioneiros durante a ocupação alemã, no ensaio "Que é Literatura", Sartre examina como essa situação-limite envolve a liberdade. O que há de mais cruel na tortura é que o torturador conta com o momento em que a vítima *decidirá* falar: o terrível momento em que o prisioneiro e seu algoz concordarão, a cumplicidade terá sido alcançada pelo sofrimento. O torturador sabe que isso depende da vítima: resistir um pouco mais, ou sucumbir. A vitória do torturador está relacionada com a liberdade da vítima. Quando o prisioneiro morre sem falar, o heroísmo solitário repercute em toda a humanidade; é o momento de criação do humano. "Eles se calavam, e o homem nascia de seu silêncio" (L. 162). Como se o universal fosse recriado na solidão e no abandono; em meio ao aviltamento do homem, cria-se o homem, valor concreto que o sofrimento do indivíduo encarna.

A responsabilidade é radical porque a liberdade é radical e a decisão é criação. A tradição nos mostra que a responsabilidade pelas nossas escolhas se divide entre a decisão pessoal e a tábua de valores a partir da qual escolhemos. Quando decidimos *a partir* de algo, estamos partilhando nossa responsabilidade com a tradição, com a sociedade, com o partido, com Deus, enfim, com as fontes de instituição dos critérios de conduta. Queremos acreditar que somos livres, mas que não estamos sós e que nossas escolhas se amparam em algo mais, alguma coisa que preencheria de modo mais pleno as nossas decisões, dando-lhes mais coerência e maior alcance, algo no qual nos incluímos para haurir a força da decisão, como fazem o crente, o militante e o homem de bem. Mas, se a encarnação da realidade humana é ontologicamente singular, ela é eticamente solitária – e isso é consequência do caráter irrepetível da singularidade subjetiva. É do caráter radical da responsabilidade que deriva a sua universalidade. Mas a responsabilidade não é universal porque a liberdade se confundiria com a universalidade formal da razão (kantiana) expressa em algum imperativo logicamente irretocável. Essa espécie de lógica da ética também seria uma determinação prévia, ainda que formal. A liberdade como criação é contrária a qualquer gênero de normatividade – e a normatividade formal representaria, nesse caso, heteronomia semelhante a qualquer regra empírica.

Assim, não faz muito sentido questionar se queremos ou devemos legislar para a humanidade. É inerente à nossa condição que a humanidade esteja implicada em todas as decisões morais. A cada vez que escolhemos uma conduta concreta, estamos proclamando que é nisso que consiste *ser humano*. Porque sempre que escolhemos uma via de conduta

LIBERDADE E SUBJETIVIDADE

estamos optando por um modo de efetivar a realidade humana que encarnamos singularmente. Portanto, o que virá-a-ser a humanidade depende de nós, isto é, de nossa fragilidade e de nossa posição histórica. As escolhas livres e a responsabilidade pelas consequências que delas possam advir acontecem no processo de existência, no devir de nossa constituição subjetiva. Quando dizemos que o Para-si é o contínuo fazer-se na direção de uma identidade inalcançável, queremos também dizer que essa autoconstituição se dá num contexto de realidade humana que é a condição geral a partir da qual cada um se faz sujeito. Essa tarefa inclui principalmente o modo de representar o que é ser humano.

Em Sartre, o humanismo é tão difícil quanto a liberdade porque não se trata nem de realizar um propósito individual (individualista) nem de cultivar uma ideia universal. O humanismo deve estar na realização efetiva da existência histórica. Dizemos *deve* porque isso pode não acontecer, na medida em que as escolhas *humanas* encaminharem a existência histórica num sentido e numa direção desumana. A liberdade é, evidentemente, imprevisível e a história é contingente: efetivar ou não a *humanidade do homem* são possibilidades inscritas na liberdade e na contingência. Em qualquer caso, aquilo que prevalecer será devido à liberdade de que dispomos para fazer-nos – ou não – humanos. "As mais atrozes situações da guerra, as piores torturas, não criam um estado de coisas inumano; não há situação inumana; é somente pelo medo, pela fuga e pelo recurso a condutas mágicas que irei *determinar* o inumano, mas esta decisão é humana e tenho de assumir total responsabilidade por ela" (SN, 678).

A crença iluminista no progresso como consequência da emancipação racional, que é também uma crença na progressiva "humanização", se desfez no curso da experiência histórica. Não há muito que esperar da dimensão objetiva do progresso, porque tudo depende do que o homem é capaz de fazer de si e de sua história. A humanidade não tem qualquer vocação nem obedece a qualquer princípio teleológico. O homem será o que puder fazer de si e o que puder fazer com o que fazem dele.

Por essa razão, é o exame das condições efetivas da existência histórica que pode nos esclarecer acerca das possibilidades de ação concreta no processo real da experiência subjetiva e objetiva da história.

2. Liberdade e Situação

CERTAMENTE É UM PARADOXO afirmar ao mesmo tempo que a liberdade é radical e originária e que ela possui todo tipo de obstáculos ao seu efetivo exercício, estando limitada por todos os lados. Não é difícil verificar que as nossas menores ações encontram limites que muitas vezes as impossibilitam. Parece que tudo tende a nos determinar: não apenas fatores externos contra os quais temos de lutar, mas forças internas sob as quais não temos inteiro domínio. Por isso a tradição sempre opôs à liberdade os avatares do mundo e das paixões, seja para defini-los como obstáculos intransponíveis, caso em que a liberdade não seria possível, seja para declará-los superáveis à custa de muito esforço. Aqueles que negam a liberdade e aqueles que a defendem se colocam em dois casos-limite: ou a determinação é total, e nossas escolhas se dariam a partir delas; ou a liberdade é possível porque nosso espírito ou nossa razão tem como sobrepor-se aos condicionamentos. Nas duas perspectivas, é possível perceber a concepção de uma relação extrínseca entre os fatores adversos e a subjetividade. No caso dos que negam a liberdade, supõe-se que a força externa dos obstáculos, alguma coisa que possuiriam em si mesmos, estaria presente na função determinante que desempenham em relação à nossa conduta. No caso dos que defendem a liberdade, supõe-se que é a mesma relação extrínseca que permite ao espírito ou à razão anular de algum modo essa força determinante. O conjunto de tudo que concerne à determinação e o conjunto de tudo que pertence à liberdade ficam assim postos como esferas separadas, de modo que, como parece óbvio ao senso comum, onde a determinação impera a liberdade não está presente, e vice-versa.

Entretanto, uma análise mais acurada mostra que obstáculos e limites à liberdade só aparecem a partir do momento em que o sujeito põe um fim para si mesmo, algo a ser atingido por meio de suas ações. Se não desejo fazer coisa alguma, não há sentido em falar de obstáculos à minha ação. E também é preciso considerar que obstáculos e limites são definidos conforme o fim que o sujeito se propõe. Se me proponho a escalar uma montanha, as dificuldades que deverei enfrentar são aquelas próprias do alpinismo. Se me proponho a fazer negócios, os obstáculos a vencer serão outros. Se estou circulando pelas ruas, os limites que devo observar são distintos do indivíduo que está preso numa cela. Isso significa que não há limites ou obstáculos em si mesmos: o modo como

LIBERDADE E SITUAÇÃO

aparecem e como atuam para restringir minha liberdade depende do fim posto pela própria liberdade. Por isso Descartes julgava sábio adequar os desejos ao mundo e não tentar fazer o contrário, pois se nunca desejar mais do que posso alcançar nunca serei frustrado. Uma maneira de fazer da liberdade infinita um cálculo finito de meios e fins, subordinando a vontade a possibilidades medidas pelo entendimento.

Essa tentativa de harmonizar *querer* e *poder* deriva de uma visão inadequada da relação entre a liberdade e aquilo que a ela resiste. Os fatores que resistem à liberdade não mantêm com ela uma relação extrínseca, mas fazem parte do exercício da liberdade. Como a liberdade só existe em ato, o fim visado pelo ato livre está ao mesmo tempo separado e unido a ele. Está separado na medida em que é algo a ser obtido; está unido na medida em que é posto e projetado pelo próprio ato. É por isso que todo projeto é começo de ação. Se projeto algo, isso significa que já me encaminho para sua realização e já convivo com o projetado em termos de um possível a ser alcançado. De modo que, em qualquer fim posto pelo sujeito, estão postas também as resistências que se opõem à sua consecução.

"Só pode haver Para-si livre enquanto comprometido em um mundo resistente" (SN 595). Essa relação intrínseca entre liberdade e resistência à liberdade tem a ver com a oposição ontológica entre Em-si e Para-si, mas possui também uma característica

37

ética que deve ser designada como *compromisso*. O compromisso é a face ética da oposição ontológica porque, como vimos, essa oposição somente se reflete nas possibilidades de ação do sujeito quando já se inicia alguma ação livre, isto é, quando algum fim é posto pela liberdade do sujeito. Há, portanto, dois sentidos de comprometimento: o primeiro refere-se ao fato de que liberdade e resistência estão enredadas, uma não podendo ser pensada sem a outra; o segundo refere-se à posição que o sujeito julga dever assumir perante tudo aquilo que se opõe à sua liberdade. Se a liberdade somente se exerce por meio dos fatores que a ela resistem, então o compromisso define, inelutavelmente, a posição do sujeito no mundo, porque ser livre, nesse caso, só pode significar o processo subjetivo de realização da liberdade contra as condições objetivas que pretenderiam determinar a subjetividade.

Essa perspectiva desloca bastante o significado da oposição entre necessidade (determinismo) e contingência (liberdade). Já não podemos tratá-la em termos de exclusão recíproca, mas sim em termos de relação dialética, em que a copresença não elimina a oposição, mas a transforma em tensão. A liberdade está sempre diante daquilo que lhe resiste – e muitas vezes o que poderia ser o resultado da ação livre sucumbe às resistências e não se efetiva, sem que com isso a própria liberdade seja anulada, pois "a fórmula 'ser livre' não significa 'obter o que se quis'

LIBERDADE E SITUAÇÃO

mas sim 'determinar-se por si mesmo a querer' (no sentido lato de escolher)" (SN, 595). O senso comum tende a supor que, se não houve êxito na ação empreendida, ela não poderia ser considerada livre. Mas a liberdade não consiste em *obter* e sim em *escolher*. É claro que a escolha autônoma já indica um princípio de ação, porque opções passivas só existem no sonho, mas não é essencial à liberdade que o fim posto se realize inteiramente conforme à intenção. A adversidade aí está para impedir que isso ocorra na maior parte das vezes, o que leva Sartre a dizer: "A história de uma vida, qualquer que seja, é a história de um fracasso" (SN, 593).

A realidade humana traz em si um "coeficiente de adversidade" que se mostra em todos os casos de ação livre, na relação intrínseca entre liberdade e resistência. Em cada escolha e em cada projeto, expressões da minha liberdade, estão implícitos os fatores adversos que poderão me impedir de realizá-lo. Essa oposição faz parte da "estrutura" da liberdade, tal como me é dado vivê-la. Com efeito, não escolhi escolher, não escolhi ser livre; essa condição está inscrita na gratuidade da existência, na contingência originária. A experiência humana envolve essa dualidade ou essa contradição. E é nesse contexto que se dá o compromisso ou a maneira pela qual a resistência torna-se, ao mesmo tempo, limite e possibilidade da liberdade, aquilo que faz com que o ato esteja separado de seu fim e reunido a ele, num movimento dialético que se explicita em condições concretas da vida histórica.

O coeficiente de adversidade mostra sua força e seu poder estruturante dos atos nos contextos existenciais e históricos que Sartre chama de *situação*.

"Denominaremos *situação* a contingência da liberdade no *plenum* de ser do mundo, na medida em que esse *datum* que está aí somente *para não constranger a liberdade* somente se revela a esta liberdade enquanto *já iluminado* pelo fim por ela escolhido. Assim, o *datum* jamais aparece ao Para-si como existente bruto e Em-si; ele se descobre sempre como *motivo*, já que só se revela à luz de um fim que o ilumina. Situação e motivação se identificam" (SN, 600).

A situação é o contexto concreto em que os sujeitos exercem a liberdade. Ela é sempre definida por fatos e outros sujeitos que dela participam. Duas características podem ser imediatamente atribuídas à situação: em primeiro lugar ela nos obriga a falar em sujeitos e liberdades (no plural), apesar de a situação ser vivida singularmente por cada sujeito no exercício de sua liberdade; em segundo lugar a situação se caracteriza pelos fatos que a compõem e com os quais os sujeitos entram em relação, fatos que podem ser de ordem material e social. Podemos dizer, portanto, que a situação supõe *alteridade ou intersubjetividade*, e *facticidade*. O que há de comum nesses dois conjuntos de fatores que compõem a situação é que o sujeito já os encontra como constituintes do mundo

LIBERDADE E SITUAÇÃO

em que lhe é dado viver. O sujeito está sempre em situação e nunca pode escolher a situação em que está. Por isso é importante o confronto entre situação e liberdade: a princípio, tudo indica que a situação delimita ou mesmo determina as escolhas do sujeito.

Comecemos pela facticidade. Cada um nasce numa *determinada* família; numa *determinada* classe social; numa época, num país, numa sociedade igualmente determinados; num regime político e num sistema econômico específicos; numa região definida por determinada configuração espacial e geográfica, por costumes já consolidados e uma moral vigente; possui certa constituição física e características herdadas geneticamente que se podem traduzir em doenças congênitas ou em determinadas propensões; etc. Nada disso passa pela escolha do sujeito e tudo parece prefigurar a sua vida. As sociedades se reproduzem; os indivíduos se reproduzem. Algo como uma razão sistêmica zela pela manutenção dessa estabilidade. Nesse quadro pode-se perguntar: o que sobra para que o indivíduo possa *optar*? Como ele poderá exercer a liberdade numa rede tão fina de determinações?

Habitualmente dizemos que todos esses aspectos são *dados*. Significa que posso fazer algo a partir deles, mas não posso modificá-los; significa também que o que posso fazer a partir deles já está em grande parte prefigurado nesses próprios dados. Por isso os defensores do determinismo argumentam que, ainda que aparentemente se possa escolher, a escolha está determinada por ter de ocorrer a partir do que é *dado*. O dado é irredutível; não posso transformá-lo ou procurar algo aquém. Tudo que acontecer a partir do dado estará *comprometido* com ele, em termos de possibilidade, alcance, etc.. Ora, sendo assim, dificilmente se poderia pensar numa margem de ação livre.

Entretanto, lembremos que a resistência à liberdade deve ser pensada a partir dos fins postos pelo sujeito. Nasci franzino e com dificuldade de respirar: não posso escalar montanha, mas essa restrição só aparece se ponho como fim de minha ação escalar a montanha. Se me coloco fins que não dependam da robustez física, a restrição desaparece. Isso significa que, no plano da facticidade, há inúmeras restrições à minha liberdade; mas elas só aparecem *iluminadas* por um certo projeto, para a realização do qual devo me defrontar com certas dificuldades. O exílio é imposição e restrição de liberdade; mas para alguém que deseja abandonar o país, porque isso se inclui no seu projeto, o afastamento é exercício de liberdade. Essa referência da resistência ao projeto mostra a relação entre liberdade e situação. "Não há liberdade a não ser em situação; e não há situação a não ser pela liberdade" (SN, 602). Como já vimos, a liberdade não cria seus próprios obstáculos; mas se exerce através deles.

É preciso considerar também que o *dado* nunca é isento de significação, pois ele sempre é representado em relação a algum fim posto pela liberdade. Assim, é

LIBERDADE E SITUAÇÃO

um fato que nasci numa família pobre e na classe proletária. Não escolhi tal condição e ela pesa sobre o curso de minha vida. Posso me conformar a isso, aceitando a condição como um destino, justificando como um desígnio de Deus, como fatalidade, etc.posso também, entendendo o caráter histórico dessa condição e as implicações políticas e econômicas aí envolvidas, colocar como fim a transformação de minha vida e da dos outros, engajando-me num curso de ação condizente com esse propósito. Essas duas respostas diferentes a um mesmo fato provêm de distintas atribuições de significação àquilo que é dado. O dado, portanto, não é bruto e inteiramente em-si; por ser representado, está sempre acoplado a alguma significação atribuída pelo sujeito de acordo com um fim posto pela liberdade. Sempre há atribuição de significação e sempre há escolha: *decido* deixar as coisas como estão ou *decido* tentar mudá-las. O fato é materialmente impositivo, socialmente dominante; mas não é causa natural da minha conduta. Pela mediação da atribuição de significado, isto é, da subjetividade, estruturo as referências de meu estar-no-mundo. É nesse sentido que se pode dizer que nasci proletário, mas ao mesmo tempo sou responsável pela minha condição e pelo que julgo dever fazer dela. Posso me fixar nela ou ela pode ser um ponto de partida. Não há razão nem fundamento para que alguém tenha tomado um lugar no mundo; mas, uma vez isso feito, o sujeito é responsável: esse lugar é dele, ele é esse lugar. Por isso a ligação entre liberdade e facticidade é intrínseca e por isso só existe liberdade em situação. O fato é contrário à liberdade num sentido dialético: dessa oposição nasce o movimento de realidade.

Viver num "mundo" significa atribuir significações que, precisamente, fazem dos fatos um mundo humano. Mas é preciso observar também que vivo num mundo onde há significações que não foram atribuídas por mim. Isso nos remete à alteridade ou intersubjetividade: o outro é uma referência do meu mundo, eu o encontro "em cada curva do caminho" e o compromisso que me vincula à realidade inclui o outro ao qual remetem muitas das significações que encontro em meu percurso.

No contexto das filosofias do sujeito a intersubjetividade sempre foi um grande problema. De alguma maneira, o Eu cartesiano, ao ser posto como fundamento, em virtude de sua evidência perfeita, equivale à negação da possibilidade de conhecer o outro, uma vez que nunca poderá ser alcançado com a mesma evidência. À consciência de si, tão transparente na intuição imediata que Descartes acreditava ter atingido, corresponde a obscuridade do outro, que nunca se apresentará a mim com o teor de sujeito com que me apresento a mim mesmo. Com efeito, se a evidência do cogito somente pode ser obtida na interioridade, a evidência da existência de outro sujeito pensante também só poderia ser dada em regime de interioridade. Ocorre que, por definição, não posso

LIBERDADE E SITUAÇÃO

estar na interioridade do outro. Assim, mesmo que o considere como um Eu, o fato de ele ser *um outro Eu* me impede de conhecê-lo como tal.

Tornaram-se célebres as páginas em que Sartre retoma esse problema (SN, 326ss.) mostrando a inevitável objetivação presente na relação com outro sujeito, pela impossibilidade de se apreender "o outro Eu que não sou Eu". Olhar o outro é fixá-lo numa representação cristalizada que lhe rouba precisamente a descontinuidade qualitativa inerente ao processo de existir. Não posso apreender no outro o movimento de subjetivação; e quando o apreendo como predicação consolidada, deixo de lado justamente o sujeito desses possíveis predicados, imobilizando o processo numa representação objetivante. A liberdade do outro somente aparece para mim nos seus efeitos dados, nunca no seu processo originário. A relação entre as liberdades possui sempre um fundo de conflito, análogo ao conflito das consciências que Hegel descreve na dialética do senhor e do escravo, e que se manifesta na objetivação do outro.

O que nos interessa aqui, entretanto, é a repercussão das relações de alteridade no exercício subjetivo da liberdade em cada indivíduo, isto é, na medida em que a alteridade é componente da situação, de que modo ela constitui os limites da liberdade em situação?

Qualquer descrição do mundo em que se vive deve considerar uma certa ordem dada que se manifesta numa infinidade de preceitos e regras a que devo obedecer, e que me aparecem como *sinais* orientadores da conduta. Na vida cotidiana esses sinais estão presentes por toda parte: devo respeitar as placas de entrada e de saída, devo observar as mãos de direção, os limites de velocidade, os horários dos transportes, os lugares de partida e de chegada; devo me servir de palavras que sejam compreensíveis aos outros, o que se aplica também a gestos e comportamentos; devo me submeter às regras de compra e venda e ao regime de oferta; devo observar as restrições de circulação e de entrada em certos lugares, bem com outras proibições circunstanciais próprias de ocasiões excepcionais, como interdição de ruas e escassez de produtos; etc. Isso nos leva a notar que o mundo me aparece como um conjunto de regras convencionalmente adotadas e que devem ser observadas na convivência social. A esse extenso aparato ao qual cada um se deve submeter Sartre chama de *técnicas*, num sentido muito abrangente: todo e qualquer meio que serve para atingir um fim.

Essas técnicas são aquelas que governam a vida de todos, sem que tenham sido especificamente instituídas por ninguém. Isso quer dizer que elas desfrutam de objetividade e de impessoalidade totais. Também não se relacionam com o indivíduo singular, mas com todos na medida em que *cada um é qualquer um*. Elas podem variar segundo os países, regiões, grupos, etc., mas sempre possuirão um caráter geral,

LIBERDADE E SITUAÇÃO

pois mesmo dentro de circunscrições definidas, elas se referem a todos. Fazer parte do mundo é participar dessa objetividade e impessoalidade. Ora, até que ponto essa organização de significados que não foram atribuídos por mim limita a minha liberdade? A questão é relevante porque se poderia pensar que ela tende a anular a diferença entre facticidade e intersubjetividade. Com efeito, se pertencer a esse mundo objetivamente organizado nada tem a ver com minha liberdade, essa pertinência não se reduz a um fato? E, paradoxalmente, essa redução da alteridade à facticidade não deriva exatamente da presença dos outros (da alteridade), como instância coletiva em prol da qual as regras técnicas vigoram com força impositiva? "O certo é que, no nível das técnicas de apropriação do mundo, do próprio *fato* da existência do outro resulta o fato da apropriação coletiva das técnicas. A facticidade, portanto, exprime-se nesse nível pelo fato de minha aparição em um mundo que só se revela a mim por técnicas coletivas e já constituídas, que visam fazer-me captá-lo com um aspecto cujo sentido foi definido sem meu concurso" (SN, 629).

A questão é que isso que foi definido "sem meu concurso" é constitutivo dos modos pelo qual pertenço ao mundo. A verdade de cada regra, de cada técnica, está na generalidade da organização instituída; assim também, a verdade de minha pertinência ao mundo não estaria no teor geral de submissão do sujeito e de determinação que a organização implica? Pois não instituo nem sequer descubro as significações implícitas nessas técnicas; elas me são dadas.

A pergunta fundamental que assim se coloca é: o mundo é *natural*? – entendendo-se por "natural" tudo aquilo que, embora estreitamente relacionado ao homem, não seria obra sua e sim de uma "natureza" objetiva. Ora, se observarmos com atenção isso que foi descrito como a expressão do mundo por um conjunto de técnicas, veremos que todas são inseparáveis das práticas que as fazem existir efetivamente. No sentido dos sinais de "entrada" e "saída" estão implicados os indivíduos que se orientam por esses sinais. Essa linguagem de sinais, como toda linguagem, não fala sozinha, não fala por si. Ela existe na medida em que os indivíduos as aplicam às suas condutas. Assim como só há palavras na medida em que se fala, assim também todas as técnicas só existem na medida em que os indivíduos delas se apropriam nas suas condutas. E assim como as palavras estão associadas a um projeto de significação formulado pelos falantes, assim também todas as técnicas de organização da vida se associam a projetos livremente formulados. O sentido de uma placa de direção está associado ao meu projeto de ir para certo lugar. O horário dos trens faz sentido na medida em que desejo viajar, etc. Essa apropriação mostra que, assim como a linguagem é algo abstrato até que alguém fale alguma língua, assim também o conjunto de técnicas seria

LIBERDADE E SITUAÇÃO

abstrato se fizesse parte de um mundo "em-si" – não representado pelos homens.

Isso não quer dizer que não haja uma dimensão de sentido objetivo nas técnicas, assim como há um sentido objetivo nas regras de conexão gramatical. Mas se a língua for constituída apenas dessa dimensão objetiva, ela será morta. Não suprimimos as conexões objetivas da língua, mas é falando que fazemos com que haja uma língua. Isso se aplica às técnicas: não se pode negar a objetividade e a impessoalidade, que fazem com que elas tenham sido feitas para todos e para qualquer um. Mas é preciso que os indivíduos delas se apropriem em associação com projetos singulares, para que elas ganhem efetividade. Em que pese a impessoalidade das técnicas, só podemos entender o seu sentido se fizermos a pergunta: *para quem* elas existem? É essa remissão da objetividade à liberdade que nos permite dizer que o *mundo não é natural*, ele é habitado, ele é humano – e por isso sempre haverá uma relação entre a objetividade e a subjetividade, que é preciso deslindar.

"(...) o Para-si é livre, mas *em condição*, e é esta relação entre condição e liberdade que queremos precisar com o nome de situação" (SN, 637). O homem não escolhe *o* mundo, mas *se* escolhe *no* mundo. A compreensão dessa *situação* nos ajuda a entender como o indivíduo pode escolher num mundo povoado por significações que ele não escolheu. Um mundo em que se trafega pela direita e em que se fala determinada língua é, sem dúvida, objetivo. As condutas, nesse mundo, tendem a se adequar a essa objetividade, tornando-se, também objetivas, isto é geralmente aceitas. É do outro que me vem essas regras e eu só posso me relacionar com elas exteriormente: as condutas dos outros são objetivas porque as vejo sempre a partir de fora. As técnicas são sempre exteriores. Mas o Para-si lida com essa exterioridade através de seus atos; as técnicas existem para qualquer um, mas é sempre um determinado sujeito que as estará utilizando, a partir da posição de fins que derivam de seu livre projeto. A essa escolha num mundo de significações já dadas Sartre chama de *historialização*: o sujeito se apropria dessas significações que não são suas inserindo-se na época histórica em que tais técnicas estão instituídas. Assim ele visa o mundo como histórico e as técnicas como históricas. E é dessa maneira que se dá a escolha, sempre *na* história, nunca *apesar dela*: "é nesse *mundo mesmo*, e em nenhum outro, que sua liberdade está em jogo; é a propósito de sua existência nesse mundo mesmo que o Para-si se coloca em questão. Isso porque ser livre não é escolher o mundo histórico onde surgimos – o que não teria sentido – mas escolher a si mesmo num mundo, não importa qual seja" (SN, 639-40).

A essa apropriação Sartre chama também *interiorização da exterioridade*: como o homem não possui essência, ele não traz em si a sua interioridade, mas

LIBERDADE E SITUAÇÃO

a constitui pelo processo de subjetivação, de que faz parte essa relação pela qual aquilo que não escolhemos entra como parte de nossas escolhas. Há, portanto, um deslocamento no significado da noção de *limite* da liberdade: este deixa de ser pura e simples restrição, para tornar-se também possibilidade. Por isso a liberdade é possível num mundo "não importa qual seja": as opções existem de modo indefinido no mundo em que se vive porque todas as técnicas já dadas ao sujeito serão sempre iluminadas pelo fim posto pelo projeto, e o futuro poderá sempre ser inventado.

Somos livres não apesar dos limites, mas através deles. Os limites são reais, são fatos. Sou judeu, proletário ou burguês, e isso não significa apenas que os outros me veem assim. Essa representação externa, eu a interiorizo e dela faço alguma coisa – faço algo de mim com o que fazem de mim. Aprendo algo a meu respeito *padecendo*, como diz Sartre, sob o olhar do outro e o que ele determina a meu respeito. Os negros na sociedade americana antes dos direitos civis não podiam entrar num restaurante de brancos, nem morar nos bairros de brancos, e tinham lugares demarcados nos ônibus. A organização social racista pesa sobre todos os negros, sobre qualquer um, a partir de critérios que o sujeito não escolheu. Mas esses limites, que decorrem da ação dos outros, não anula a liberdade. Posso corroborar subjetivamente o valor coercitivo da restrição ou posso infringi-la. No limite, posso preferir a morte a viver sob tais condições. Isso significa que experimento minha liberdade como condição subjetiva, enquanto os outros a veem como condição objetiva e a forma limitada que convém a um objeto. O outro me vê como podendo não ser livre; eu me vejo como não podendo não ser livre – como condenado à liberdade. Por isso, Sartre pode dizer: "Assim em qualquer plano que nos coloquemos, os únicos limites que uma liberdade encontra, ela os encontra na liberdade. (...) A liberdade só pode ser limitada pela liberdade" (SN, 644).

Sempre que nos deparamos com afirmações radicais como essas, não devemos esquecer que elas estão num contexto marcado pela relação dialética entre objetividade e subjetividade. O que Sartre quer evitar é que se tenha de escolher, como muitas vezes ocorre na tradição, entre uma concepção de liberdade que exija a consciência soberana e constituinte, à maneira da subjetividade idealista, e uma concepção determinista para a qual a consciência seria o reflexo determinado das condições objetivas, o que é próprio de uma materialismo mecanicista. Entre o determinismo, que se sustenta na realidade dos fatos, e a liberdade, que se respalda na realidade da consciência, há uma tensão permanente. Quando dizemos que a liberdade só pode ser limitada pela liberdade, estamos afirmando que, sendo o Para-si também Para-outro, a minha liberdade encontra na liberdade do outro seu limite: quando o outro me vê

LIBERDADE E SITUAÇÃO

de fora e, por assim dizer, fora de mim mesmo, minha existência entra no regime de alienação, pois, existe, para o outro, fora de si mesma. Entretanto, como já vimos, essa representação me atinge na medida em que a interiorizo: nesse sentido, alieno-me a partir da alienação que o outro me impõe, porque até mesmo alienar-se é uma escolha, algo que não acontece sem passar pela minha liberdade. É a partir da situação, em que me confronto com o outro, e que exprime a alienação, "ou seja, existir como forma em-si para o outro" razão pela qual a alienação inclui sua própria inapreensibilidade. "Tudo quanto a liberdade empreende sempre [tem] uma face não escolhida por ela, uma face que lhe escapa e que, para o outro, será pura existência" (SN, 645).

Essa questão, no limite, configura a relação dialética entre liberdade e determinação, que é o fundo sobre o qual todos os problemas que até aqui apareceram devem ser pensados. A liberdade em situação é a liberdade em condição. Lembremo-nos aqui que todas as teorias clássicas da liberdade opunham liberdade e condição, na medida em que tudo que é *condicionado* não pode ser considerado livre. Daí a busca da liberdade na figura do incondicionado. Ora, para Sartre, a liberdade *humana*, que é sempre liberdade em situação, só pode acontecer em condição, isto é, a partir de um conjunto de fatores objetivos que, afinal, são determinantes. Mas essa determinação é mais complexa do que a mera subordinação do condicionado à sua condição. O homem vive *em condição* e não pode anular isso. A liberdade, portanto, só pode realizar-se nessa condição. Isso quer dizer que a resistência à liberdade é apropriada como meio de realização da liberdade, a partir da posição de fins. Isso significa que a liberdade, processo existencial de subjetivação, é histórica.

Por ser a liberdade histórica, o humanismo de Sartre não se situa no registro conceitual. Não se trata de afirmar a liberdade da razão como expressão da dignidade do homem. Tampouco se trata de constatar a emancipação progressiva como realização da liberdade. A liberdade não pode ser definida nem afirmada porque ela é condição, que aqui não é sinônimo de fundamento e sim de situação. O homem vive, de maneira geral, em condição, o que se expressa sempre em alguma situação determinada, ou seja, um contexto existencial e histórico, inseparavelmente. O homem se humaniza na medida em que se historializa. Trajetória perigosa porque a história, como vimos, pode ser a história da desumanização. Enfim, a história é humana e a humanidade é histórica.

3. Transcendência e Temporalidade

O Para-si se caracteriza pela *presença ao ser*. Não podemos definir essa presença nem em termos idealistas nem em termos realistas porque, ao mesmo tempo em que os fenômenos antecedem ao Para-si, só se desvelam por ele. Podemos dizer que o fenômeno tem seu próprio ser e ao mesmo tempo que este ser consiste no aparecimento da coisa ao Para-si. "Não posso impedir que essa pele não seja verde, mas sou eu que me faço captá-la como verde-rugoso ou rugosidade-verde" (SN, 251). Daí a relevância da noção de presença: o Para-si não constitui as coisas em seu ser, mas é a presença do Para-si que faz com que haja coisas, que qualidades se destaquem sobre o fundo do todo do ser. Quando falamos, por exemplo, em totalidade do ser, temos de convir que essa totalidade só pode ser pensada em função da presença do Para-si ao ser. Toda totalidade é sintética, isto é, não pode consistir num simples agregado regido por relações externas. Ora, é o Para-si que realiza a totalidade nesse sentido.

E o que dizer da totalidade do próprio Para-si? Como se trata de um processo de constituição, o Para-si é aquele que *tem de* ser sempre adiante de si, na forma do projeto. A expressão "tem de ser" indica que o Para-si persegue o seu ser, isto é, a sua totalidade. Mas como seu ser consiste no processo de existir, e a existência nunca se tornará totalidade, a coincidência entre o ser do Para-si e a totalidade é irrealizável, mas um irrealizável constitutivo do Para-si. Nesse sentido, ele *é* a totalidade que não pode *realizar*. É o que Sartre chama de "totalidade destotalizada que se temporaliza em perpétuo inacabamento" (SN, 242). É pelo próprio fato de o Para-si não ser, a cada momento, aquilo que ele é, e ser, sempre, na forma do projeto, aquilo que ele ainda não é, que se pode falar em totalidade. Com efeito, ser adiante de si implica esse paradoxo: ser o que ainda não é, ser, já, os seus possíveis. Mas como isso configura um processo – vir-a-ser, e não ser em sentido pleno – não se pode falar em totalidade realizada como tal, e sim em *totalidade destotalizada*: aquela que se define pela sua própria irrealização: temporalização "em perpétuo inacabamento".

A dinâmica desse processo é a *negação interna*. A negatividade presente no "inacabamento" do Para-si provém de que não ser o que é e ser o que não é significa negar o que é como maneira de ser outro. Isso decorre de que o Para-si é o que não é pela sua liberdade, enquanto esta se exerce pelo poder de negação.

TRANSCENDÊNCIA E TEMPORALIDADE

Posso não ser o que sou porque tenho a liberdade de negar o que sou, o que implica já ser outro, ainda que na forma do possível. Essa é uma característica exclusiva do Para-si. A negação no âmbito das coisas se dá de modo externo. Quando digo que a caneta *não é* a mesa, que a mesa *não é* o copo que está sobre ela, estou me reportando ao que cada coisa é em si mesma, na permanência do seu ser, e à relação externa que mantém com outras coisas, igualmente permanentes em seu ser. É por isso que a *negação determina*, o que é o avesso da fórmula espinosana: toda determinação é negação. Contudo, é *em virtude* de a caneta não ser a mesa que posso captá-la como caneta. O seu ser se determina por essa relação externa com a mesa que faz com que ela não seja a mesa.

O Para-si, por ser sempre o que não é, não possui qualquer "estado-de-coisa" que me permitisse efetuar a relação com outro "estado". E a mesma razão vale quando digo que o Para-si é o que ainda não é. Quando digo que posso não ser este que sou agora para ser outro, dentre as possibilidades de existir, evidentemente não quero dizer que *isso* que sou agora é diferente *daquilo* que poderei ser no futuro, porque tanto o que sou quanto o que poderei ser é engendrado pela minha liberdade, algo completamente distinto do que ocorre com a diferença entre a caneta e a mesa. O caráter livre do processo constitutivo do Para-si é que sustenta a concepção de negação interna, que é sempre dupla negação: não sou à maneira de *já* não ser e à maneira de não ser *ainda*. Isso mostra até que ponto a negação é constitutiva do Para-si.

Não ser para ser o que não se é ainda pode receber outra designação: *transcendência*. Existir como *para-ser* o que ainda não se é significa transcender – e isso nos indica como a transcendência é constitutiva do Para-si, aquele que está sempre por-ser no porvir. Na verdade, quando dizemos que o Para-si está sempre adiante de si já estamos falando de transcendência: de ser na dimensão do que se está por ser. A transcendência consiste em ir sempre em direção ao além de si. Nas filosofias dualistas, transcender significa alçar-se para outra dimensão da realidade, aquela em que se situaria a verdade. Como para obtê-la preciso alcançar o transcendente, o caminho está *a priori* traçado: devo me esforçar para deixar o mundo imanente, dirigindo-me ao transcendente. O que subjaz a essa concepção é certa valoração da imanência e da transcendência, bem como da relação entre elas. Na extensa vertente platônica que se faz presente na história da filosofia através de muitas variantes, a essência deve ser vista como transcendendo a aparência: a experiência imediata é apenas um indicativo inicial para a procura da verdade em outro lugar, acima do mundo contingente, com o qual a verdade plena seria incompatível. A dimensão da imanência seria apenas um lugar de passagem ou de purgação histórica que deveria ensejar o merecimento do absoluto.

TRANSCENDÊNCIA E TEMPORALIDADE

É visível que uma filosofia da existência não pode adotar tais parâmetros. Em princípio, a consideração da existência move-se no plano da imanência pela simples recusa da divisão entre essência e existência. Se não admito a prioridade da essência, onde poderia estar a verdade da existência senão nela mesma? Se a realidade humana é aquilo que construímos por via da liberdade, qualquer origem e finalidade que se ponha para essa realidade só podem situar--se no plano imanente às ações que a constituem. A realidade humana se caracterizaria pela absoluta imanência a si mesma.

Entretanto, se essa realidade é processo, o que significa que ela nunca *é*, de forma estável, não há muito sentido em dizer que ela *é* imanente, porque ela não é coisa alguma no sentido da estabilidade de qualquer predicação. Tampouco se pode dizer que seja transcendente, em sentido platonizante, pois não podemos remetê-la a nada que a determine em seu ser. Resta então um problema: mesmo que não possamos remeter a realidade humana a uma instância transcendente no âmbito da significação essencialista, devemos reconhecer, por outro lado, que a imanência nesse caso não poderia significar uma realidade em si mesma, que repousasse no seu próprio ser, pois o ser da existência consiste no paradoxo, já inúmeras vezes formulado, que reúne o ser e o não-ser. Com efeito, o caráter processual da existência implica não o ser, mas o vir-a-ser. Assim, seria como se não pudéssemos dispor nem da transcendência nem da imanência para caracterizar a realidade humana.

Mas ocorre que há um sentido de transcendência, estabelecido por Sartre, em que ir além de si não significa passar a outra dimensão de realidade, mas tão somente superar as diversas etapas que se apresentam no percurso constitutivo da existência. Lembremos que ir além de si é sempre também ir em direção a si – à realização do ser do Para-si. Como não há uma relação de determinação causal nesse percurso, porque a cada escolha o Para-si se reinventa por via de sua liberdade, o que chamamos de realidade humana não possui qualquer continuidade essencial, mas consiste numa sucessão de livres projetos. É nesse processo de mudança, nesse movimento constitutivo da subjetividade, que o Para-si se transcende a cada momento, de modo a passar de um *Eu* a *outro* que se inscreve nessa constituição. A totalidade destotalizada, como já vimos, consiste numa totalização inacabada, itinerário de subjetivação. Nesse sentido a transcendência é um *deixar de ser para ser*, mas sempre no processo existencial constituído pela sucessão de escolhas. E como lhe falta a essência – pré-determinação – a realidade humana é sempre reposta pela vias da transcendência. Transcender-se é algo que está estreitamente associado a ser livre para escolher-se no mundo. Assim como não escolho o mundo, mas me escolho no mundo, também não transcendo o mundo, mas me transcendo no mundo.

TRANSCENDÊNCIA E TEMPORALIDADE

Qual o sentido dessa constante transcendência? "Esse projeto rumo a si do Para-si , que constitui a ipseidade, não é absolutamente um repouso contemplativo. É uma falta (...) mas não uma falta *dada*: é uma falta que tem-de-ser por si mesmo sua própria falta. (...) Um ser que se constitui a si mesmo como falta, não pode se determinar a não ser aí, sobre aquilo que lhe falta e que ele é; em suma por um perpétuo arrancamento a si rumo ao si que tem-de--ser" (SN, 262-3).

É preciso aqui elucidar adequadamente a noção de *falta*. Habitualmente relacionamos a falta à possibilidade de seu preenchimento que seria, ao menos de direito, a sua supressão. Pois a falta aparece como um vazio, a ausência de algo que deveria estar ali. É assim que detectamos falta num lugar vazio ou em algo que ainda não temos. A falta é pensada a partir do que deveria suprimi-la. A falta é *para-ser* suprida. Ora, Sartre nos diz que a falta *tem-de-ser* falta, "sua própria falta". Ingressamos, portanto, numa significação bem distinta daquela que vigora quando dizemos: falta a asa dessa xícara; falta um pedaço desse objeto; falta encher o copo d'água. Nesses casos, o sentido da falta é que ela lá está para logo deixar de estar, porque existe para ser suprimida.

Quando falamos numa falta que tem-de-ser, estamos nos referindo a uma falta constitutiva. Por isso Sartre diz que essa falta tem de ser falta e o Para-si tem de ser essa falta. Ela está suposta no inacabamento e na irrealização do "projeto rumo a si" do Para-si. Isso que lhe falta, ele tem de ser, porque seu modo de ser inclui essa falta como aquilo que o constitui. Se a falta pudesse ser suprida, ela seria como algo exterior ao Para-si e tenderia a desaparecer, como a princípio parece ser próprio da falta. Mas a falta é interna, no sentido em que o Para-si é sua própria falta. A expressão "ser sua própria falta", ser algo que, afinal, não *é*, indica que a ausência de ser (a dupla negação) é constitutiva do Para-si. É bem mais do que uma predicação negativa, como quando digo que a caneta não é a mesa. Quando digo que ao Para-si lhe falta ser, não estou determinando o que ele é pelo que ele não é. Estou dizendo que ele é, não isso ou aquilo que lhe falta, mas a falta – a incompletude e a irrealização ontológicas.

Se "rumo a si" significa "rumo ao ser", então deveríamos supor que se deveria acrescentar à descrição desse percurso: rumo à supressão da falta; a realização da possibilidade seria essa supressão. E, de fato, podemos dizer que a falta é *a suprimir*, mas sem afirmar que ela será suprimida por via de uma relação externa em que seria "preenchida". Já vimos que a falta não é captada por uma consciência tética capaz de representar "o que falta". A falta é sentida na imanência do Para-si, e o fato de ser ela captada como "a suprimir" faz parte dessa imanência. Quando o Para-si se projeta, a supressão da falta é inerente a esse movimento ao mesmo tempo em que

TRANSCENDÊNCIA E TEMPORALIDADE

o próprio movimento não comporta a supressão. É próprio de um ser ao qual falta ser buscar esse ser, mas se a falta é constitutiva essa busca será necessariamente frustrada. O Para-si é a sua própria falta e o movimento para suprimi-la significa que ele continuará a sê-lo. Sartre faz uso aqui da imagem do asno que puxa uma carroça ao perseguir e tentar alcançar uma cenoura presa à extremidade de uma vara que por sua vez está presa à carroça, de modo que o movimento do asno para alcançar a cenoura é o mesmo que a mantém sempre à mesma distância e fora de alcance. Assim puxar a carroça e tentar alcançar a cenoura são um mesmo movimento; mas só o primeiro objetivo se efetiva; o segundo faz parte da "situação" do asno, mas, por isso mesmo, nunca é alcançado. O sentido dessa comparação, algo vexatória, se explicita: "Em certo sentido, o trajeto é desprovido de significação, posto que o termo nunca aparece, mas é inventado e projetado à medida em que corremos em sua direção" (SN, 267-8).

Em outras palavras, estar adiante de si pode ser descrito como uma fuga para o possível. Realizar a fuga e realizar o possível são duas coisas distintas. Note-se que isso é inerente ao processo de existir enquanto realidade e totalidade destotalizada. Pois a realização definitiva de um possível no curso do processo significaria estancar o processo, quer dizer, atribuir-lhe um caráter provisório e não constitutivo. O futuro nunca será *constituído*; o passado é a dimensão do constituído. Por isso corremos em direção a um termo, e este é o movimento de transcendência. Mas o termo é "inventado e projetado" enquanto corremos em sua direção, ou seja, o termo está no processo de sua busca e não no término da busca.

Essa descrição nos envia à temporalidade do Para-si no mundo. "O tempo universal vem ao mundo pelo Para-si. O Em-si não dispõe de temporalidade precisamente porque é Em-si, e a temporalidade é o modo de ser unitário de um ser que está perpetuamente à distância de si para si" (SN, 269). Devemos entender que, precisamente porque o Para-si é o ser que está sempre à distância de si, a temporalidade lhe é *interna*. Essa distância que o Para-si mantém de si é o seu "modo de ser unitário", isto é, ele somente se revela a si dessa maneira, não estando onde está e estando onde não está. Essa característica do Para-si pode ser encontrada no modo como vive a temporalidade.

Quando me deparo com as coisas no presente, sei que o modo de ser que elas apresentam é o mesmo que apresentaram no passado. A mesa ou a caneta, tais como as vejo agora, têm sido assim, o que significa que entre o passado e o presente há uma certa permanência, e até mesmo algo que se aproxima da intemporalidade. Ainda que o Para-si não estivesse presente a esses seres no passado, na medida em que possuem essência posso supor que os apreendo agora tais como aquilo *que tem estado aí*. Esse tempo verbal indica a forma como capto o ser das coisas: como já tendo "em sua existência suas três dimensões tempo-rais" (SN, 269). Somente seres que possuem essência podem ser captados no modo daquilo que *tem sido*, porque é a essência que faz com que tenham em sua existência as três dimensões temporais. Nesse sentido não é inteiramente correto dizer que essa mesa, que existe no presente, *foi ou existiu* no passado e *será* no futuro. Deveria dizer que ela tem sido, no modo de ser que inclui a permanência que vai do passado ao futuro passando pelo presente. E isso porque nem o passado, nem o futuro implicam que, no seu modo de ser, as coisas estejam à distância de si mesmas.

Pelo contrário, como o modo de ser do Para-si consiste em inventar-se a cada momento por via da liberdade, ele está sempre à distância de si em cada uma das dimensões temporais. Não se pode dizer do Para-si que ele é, agora, como tem sido, e assim será no futuro. Se houvesse uma essência a ser conside-rada, ela estaria fora da temporalidade, determinando o ser em cada uma das dimensões do tempo: por um escape do tempo para ser no modo da permanência. Trata-se de uma relação extrínseca com as determi-nações temporais. Por isso dizemos que as coisas *têm* um passado, assim como terão um presente e um futuro. No caso do Para-si, devemos dizer que ele *é* seu próprio passado, na forma da cristalização do processo de existir. Com efeito, não posso mudar o meu passado; o que foi vivido se consolidou e tende a aparecer como aquilo que tinha de ser ou que eu estava "destinado" a ser. Mas, na medida em que a temporalidade humana é vivida intrinsecamente, a liberdade de me inventar no presente repercute de alguma maneira nesse passado consolidado porque posso negá-lo em sua significação. Posso deixar de ser o que tenho sido, assumir outro projeto. Ainda assim, é pelo presente que "reassumiria" esse passado, porque ele em si mesmo permanece tal e qual.

O passado é a dimensão do tempo pela qual nos aproximamos das coisas porque ele é aquela parte do Para-si que tende a convertê-lo em Em-si. Se o Para-si fosse apenas passado, não haveria como distingui-lo do Em-si, das coisas e do mundo no sentido objetivo. Mas o presente é fuga de si e consiste em escapar do passado, isto é, dessa temporalidade que tende para a permanência. "É pelo Passado que pertenço à temporalidade universal, e é pelo presente e pelo futuro que dela escapo" (SN, 274). Todas as concepções de tempo se defrontaram com a mesma dificuldade na elucidação do presente: de um lado, é a única dimensão do tempo em que posso dizer que o ser é, na plenitude da sua presença; de outro, como essa presença plena é a do instante inapreensível, só posso me referir ao presente como o que vem-a-ser a partir do passado e o que virá-a-ser no futuro. A transitoriedade do tempo me força a captar o presente na transição do passado para o presente e do presente para o futuro. Daí a grande dificuldade em estabelecer os limites do presente. Sartre se refere a esse problema como o "modo antinômico" do ser do presente, pois ele aparece "como não sendo quando é vivido, e como sendo a medida única do Ser enquanto se desvela como sendo o que é no Presente" (SN, 274).

Por isso o presente deve ser tratado como movimento. Como já vimos, o Para-si se caracteriza como o ser que já não é (passado) e que não é ainda (futuro). É isso que marca a distância do Para-si a si: ele nunca é idêntico a si, mas é sempre testemunha da distância e do movimento pelos quais não é o que é e é o que não é. Como diz Sartre, o presente "apenas aparece quando já está transcendido e é exterior a si. Portanto, sintoniza perfeitamente com o presente do Para-si: a exterioridade a si do ser que não pode ser nem não ser (...) de um ser que tem-de-ser o que não é e tem-de-não-ser o que é" (SN, 280). Nessas expressões (tem-de-ser e tem-de-não-ser) está implicado o movimento de constituição do Para-si, que é inseparavelmente movimento de ser e de não ser. No interior desse movimento para-ser e para-não-ser é que se estabelece a distância do Para-si a si.

Ter-de-ser refere-se ao futuro, isto é, ao conjunto de possíveis a realizar. Há uma co-presença entre as possibilidades objetivas que configuram o mundo futuro, e os possíveis, na dimensão subjetiva, que se dão ao olhar reflexivo do Para-si e que constituem o seu próprio futuro. Esse futuro está, pois, além do Para-si e além do Em-si ao qual o Para-si se faz presente. O futuro é o Para-si modificado diante de um Em-si modificado. A cada vez que me defronto com uma coisa, defronto-me também com seu futuro, que de alguma maneira está assegurado pela essência da coisa considerada, que garante seu ser em permanência. A essa permanência se associam as potencialidades da coisa, inscritas na sua essência, e que não a contradizem. Captar a caneta ou a mesa já é captar o futuro dessas coisas, o seu presente me remete ao seu futuro. Isso está inscrito no caráter de *utensílio* que é próprio das coisas.

O porvir, o além-do-ser (presente) pode aparecer de várias maneiras, desde a ameaça até a indiferença, dependendo de como projeto nele meus próprios possíveis. É próprio de um ser *para* ... essa projeção de possíveis e a organização do projeto em correlação com as potencialidades do mundo, que Sartre denomina "escalonamento dos prováveis" por via do qual se dá a trajetória temporal. Assim o futuro é a revelação sucessiva dos possíveis, de acordo com uma trajetória traçada pelo Para-si no processo de realização através dos atos.

Se quisermos relacionar essas considerações sobre a temporalidade com a noção de totalidade destotalizada, que caracteriza o Para-si, teremos de entender que a temporalização do Para-si não é outra coisa senão "esta totalidade que corre atrás de si e se nega ao mesmo tempo, que não poderia encontrar em si mesma qualquer limite ao seu transcender, por ser

TRANSCENDÊNCIA E TEMPORALIDADE

seu próprio transcender e porque se transcende rumo a si mesmo (...)" (SN, 207). Reencontramos aqui o presente e o futuro como fuga de si: a totalidade do Para-si é destotalizada porque a temporalidade faz com que, no momento em que a apreendemos, ela já está além de si. Por isso, na realidade humana nada há que seja pura e simplesmente *dado* porque nenhum de seus aspectos pode ser apreendido em-si.

A temporalidade na existência efetiva é história. O Para-si como "totalidade que corre atrás de si" significa a tentativa de realizar projetos que se inscrevem no curso de uma história vivida na ambiguidade da liberdade e dos elementos determinantes da situação. Os homens fazem a história no tempo que lhes é dado viver e no tempo *em* que lhes é dado viver. O tempo é humano: é o processo de existir sinteticamente realizado pela consciência. Ser sujeito significa viver o seu tempo. Mas o tempo é também objetivo: vivemos num mundo que já encontramos organizado, e a nossa vida tem que corresponder a certas articulações que interferem decisivamente no ritmo de nossas ações. Nesse sentido, as condições objetivas da história sustentam (possibilitam) e limitam a nossa liberdade. Mas precisamente essa oposição ente determinação e liberdade, que é a maneira de se viver a temporalidade concreta, nada tem de fixa ou formal, mas acontece em regime de extrema diversidade em razão de incluir a relação, móvel por excelência, entre subjetividade e objetividade. Essa dinâmica histórica corresponde ao que já vimos como o processo de existir, em que ser e não ser coincidem num ser que está sempre à distância de si, e como na iminência de ser, sem nunca ser completamente. Devemos reencontrar na realidade histórica essa vivência do distanciamento de si que repercute no processo de nossa atividade e que deve poder ser reconhecido nas estruturas de nossas práticas.

E isso porque, entre a fenomenologia da existência e a filosofia da história, há em Sartre uma continuidade que convive perfeitamente com a diversidade na focalização dos temas. Esses, de um lado, são basicamente os mesmos: o Para-si é o sujeito histórico; a liberdade radical é exercida na história; a situação que corresponde à liberdade de fato é sempre historicamente configurada. De outro lado, o tratamento histórico da existência deve acentuar o caráter dialético da relação entre sujeito e história, e isso explica a presença do marxismo nas análises sartrianas em filosofia da história. A existência, que em princípio sempre foi histórica, terá esse caráter explicitado através de uma profunda revisão das categorias marxistas, notadamente aquelas que prevaleciam no momento em que Sartre escreve suas obras. O motivo dessa revisão deriva do que dissemos há pouco: a mobilidade do processo existencial e histórico não pode ser apreendida por via de um corpo conceitual definitivo e dogmaticamente fixado, o que equivaleria a aprisionar o movimento histórico nos limites de procedimentos analíticos. Não se trata de conhecer formalmente a história; trata-se de apreender a existência histórica no seu movimento concreto. À relação entre existência e história corresponde a relação entre existencialismo e marxismo. Somente no âmbito dessa relação será possível tratar a história na concretude singular do sujeito que a faz e na universalidade, também concreta, da história que faz o sujeito. Somente dessa maneira será possível superar o esquema causal que governa a relação entre o geral e o particular, substituindo-o pela relação dialética entre universalidade e singularidade. Somente assim se poderá iluminar a reciprocidade entre indivíduo e história – terreno privilegiado para o conhecimento e a reflexão ética.

4. História e Subjetividade

É significativo que, no Prefácio da *Crítica da Razão Dialética*, ao explicar por que essa obra é precedida de *Questão de Método*, um longo artigo escrito em 1957 e que foi transformado em livro, Sartre formule o problema que considera fundamental: "Há uma Verdade do homem?" (QM, 112). Colocar tal questão no limiar de entrada da filosofia da história é estabelecer um programa filosófico de elucidação da realidade humana por via da compreensão do "movimento do ser" que se denomina dialética. A expressão "Verdade do homem" é, primeiramente, sem dúvida, um genitivo objetivo: não se trata de tentar encontrar o que cada homem poderia pensar a respeito de si no plano de uma introspecção, mas de deslindar a Verdade antropológica, isto é, algo que resulte da compreensão do movimento do (de) ser que constitui o Para-si como sujeito histórico.

Esse conhecimento do "homem pelo homem" traz exigências específicas de ordem epistemológica e metodológica que devem ser criticamente explicitadas, para que se constitua uma racionalidade própria para a compreensão de um homem, de um grupo ou de práticas humanas. A dialética existe, e desde Hegel ela se impõe como modo de conhecer o movimento do ser. Mas é preciso considerar também que ela precisa ser legitimada e realizada, o que demanda o estudo de sua especificidade. Sartre não se furta a uma comparação com Kant: assim como a filosofia crítica se deu a tarefa de provar a legitimidade de uma razão que, embora se viesse exercendo há muito tempo, não estava ainda de posse de suas possibilidades e de seus limites. O resultado da crítica kantiana, na enunciação esquemática de Sartre, foi a redução do ser ao conhecido, como se a ordem do conhecimento e a ordem do ser pudessem ser identificadas na construção da objetividade. Dessa maneira o termo *razão* passa a abranger não apenas o pensamento humano, mas a ordem do real que se constitui como racional, sobretudo no interior das possibilidades teóricas. Assim a ordem racional não reproduz, mas constitui a ordem do ser ou, para dizer de outra forma, reproduz a realidade dada na medida em que a constitui a partir das formas de conhecimento.

Nessa ideia de representação como constituição formal está o inteiro teor de um idealismo crítico, que uma concepção materialista da realidade e do conhecimento não pode acompanhar. "O conhecimento é um modo de ser, mas na perspectiva materialista, não se pode pensar em reduzir o ser ao conhecido" (QM,

HISTÓRIA E SUBJETIVIDADE

112). É preciso estabelecer um método que assegure que o movimento do conhecimento reproduza o movimento do ser. Esse movimento é de totalização e constitui a referência para que a abordagem de tudo que é humano possa constituir uma Verdade. Com efeito, já vimos que a impossibilidade de se remeter a uma totalidade não nos impede de considerar o processo de existir como totalização. Isso implica que a Verdade a que se chegará só pode ser uma verdade "devinda" ou "em devir", aquela que tem como referência o movimento e que deve reproduzi-lo.

Por não se ter examinado ainda as possibilidades e limites de uma razão dialética, o conhecimento antropológico não alcançou sua legitimidade. Vale aqui a simetria com Kant: assim como a razão analítica foi aplicada nas ciências sem a preocupação de examiná-la criticamente, assim também "o pensamento dialético, desde Marx, ocupou-se mais de seu objeto do que de si mesmo" (QM, 112). É nesse sentido que se impõe a tarefa crítica em relação à razão dialética. E como "a solução do idealismo crítico se encontra às nossas costas", essa tarefa inclui, notadamente, uma diferenciação entre razão analítica e razão dialética. A ausência de uma distinção nítida entre esses dois modos de racionalidade provoca a contaminação da dialética pela razão analítica, isto é, pelo positivismo. O que é preciso notar, sobretudo, é a diferença entre segmentação analítica de uma suposta totalidade e compreensão sintética do processo de totalização.

A resposta ao problema "Há uma Verdade do homem?" se desdobra em três partes. A primeira é composta pelas considerações metodológicas presentes em *Questão de Método*, o que permitirá excluir a contaminação da dialética pela razão analítica, algo que, no entender de Sartre, é bem mais forte do que a permanência de aspectos residuais. Em segundo lugar, o exame dos momentos de totalização ou o exame dos conjuntos práticos aí incluídos, o que constitui objeto do primeiro tomo da Crítica da Razão Dialética. Em terceiro lugar, seria abordado o problema da história como totalização em curso, tema do segundo tomo da *Crítica*, que Sartre não chegou a escrever e do qual temos apenas alguns textos publicados postumamente.

Questão de Método interessa particularmente ao contexto de nossa discussão porque nesse livro são examinadas as exigências de um conhecimento do homem pelo homem que não se governe por uma lógica extrínseca, geral e abstrata. O que significa, com efeito, considerar o método do conhecimento antropológico, senão estabelecer as diferenças específicas que podem ser encontradas nessa relação sujeito / objeto na medida em que, nesse caso, a singularidade da relação se mostra no fato de que o sujeito é, ao mesmo tempo, o objeto? É precisamente essa singularidade que nos impede de visar o objeto de acordo com as regras gerais de objetividade próprias da razão analítica. É o cumprimento dessas

HISTÓRIA E SUBJETIVIDADE

regras que deslegitima o conhecimento antropológico. Quando considero que o homem é um objeto científico entre outros e ao qual posso aplicar, de maneira geral, os mesmos procedimentos utilizados na explicação de objetos físicos e naturais, trabalho com uma falsa totalidade, aquela que deduzo muito mais de paradigmas pressupostos do que da especificidade do objeto. Há uma concepção de método, presente em Descartes, que consiste em visar o objeto a partir de preceitos metódicos previamente assentados com base na lógica geral inerente à perspectiva analítica. Essa generalidade estabelecida *a priori* permite chegar a conceitos gerais que já estariam, formalmente, contidos no método. A importância que um cartesiano confere ao método deriva dessa possibilidade de passar do método ao objeto, na medida em que o método constitui o objeto, reduzindo-o às condições de conhecimento. Essa redução só faz estender ao objeto a universalidade formal própria do método e que é paradoxalmente restritiva: para comprová-lo basta lembrar os aspectos da realidade que Descartes entende como não objetivos, em virtude de escaparem à objetividade que o método contém como condição e regra.

Por isso é preciso estabelecer a correspondência metódica entre o conhecimento e o seu objeto que leve em conta a situação de conhecimento e as exigências de uma conduta cognitiva. É nesse sentido que Sartre diz que "a dialética é a única instância competente quando se trata de problemas dialéticos. Não há aí qualquer tautologia" (QM, 112). Com efeito, dizer que o movimento do conhecimento deve reproduzir o movimento do real – o que equivale a dizer que problemas dialéticos só podem ser tratados pela razão dialética – não é tautologia, mas observância das exigências da perspectiva materialista: a realidade do mundo é independente do sujeito e de suas pré-representações, mas, se há conhecimento, é porque essa realidade se apresenta a um sujeito que dela faz parte por estar no mundo e dela se distingue pela modalidade diferenciada pela qual está no mundo. Assim, é importante considerar que *materialismo* não significa a exclusividade do paradigma da coisa no seu estatuto físico-inerte. Quando incluo a consciência nessa perspectiva, isso não quer dizer que a considero como coisa ou reflexo das coisas, e sim que levo em conta a interação dialética entre a subjetividade e o contexto material das situações em que ela se constitui.

A filosofia apresenta historicamente a tendência a constituir sistemas em regime de homogeneidade, como se o caráter sistemático e a homogeneidade básica do real fossem inseparáveis. Tudo é, em princípio, pensamento, e a realidade material é atingida por via do primado da ideia; ou tudo é, em princípio, matéria, e a realidade do pensamento é captada por meio do primado da matéria. Uma das duas realidades deve prevalecer para que se julgue possível

HISTÓRIA E SUBJETIVIDADE

estabelecer relações. Entretanto, verdadeiras relações são estabelecidas a partir da heterogeneidade dos elementos e da oposição que se dá entre eles; por isso, ao menos no âmbito da realidade humana, verdadeiras relações são sempre dialéticas. É nesse sentido que Sartre insiste em que a totalidade deve ser pensada sinteticamente e não como agregado analítico. Não vamos discutir se o sistema seria o único modo de pensar a totalidade; mas tudo que já vimos nos leva a afirmar que o sistema fechado não é o modo adequado de pensar a totalização.

Essa necessidade de pensar a totalidade, não apenas como reguladora, mas como realizável ou realizada, repercute na forma de considerar a filosofia, que muitas vezes é visada como sistemas dentro de um grande Sistema, isto é, um "meio homogêneo" em que os pensamentos nascem e morrem (QM, 113). Mas, julga Sartre, no plano da efetividade, a Filosofia, o grande sistema no qual nascem e morrem os sistemas, não existe. O que existe são filosofias, que devem ser pensadas *ao mesmo tempo* sob um duplo ponto de vista. Primeiramente, "*uma* filosofia se constitui para dar expressão ao movimento geral da sociedade." Nesse sentido, ela é organicamente ligada ao seu tempo. Em segundo lugar, esta filosofia é a única que cumpre a tarefa de expressar o seu tempo, "pois não encontrareis nunca, em um momento dado, mais do que *uma* que seja viva", (QM, 113), isto é, que exprima a totalização em curso.

Isso confere à filosofia um caráter concreto, ligado, por exemplo, a "certa maneira pela qual a classe ascendente toma consciência de si" (QM, 113). Mas, como a filosofia aspira à totalidade sistemática, ela toma também uma feição abstrata, projeto de unificar todos os elementos, "todas as certezas da classe que a sustenta" até os últimos limites. É interessante notar que tanto o caráter concreto quando o perfil abstrato reúnem-se na vocação prática da filosofia: há um anseio de totalizar o ideário da classe ascendente, justificando-a em suas pretensões; e há o projeto de totalizar de forma ainda mais completa no sentido de conferir a essas ideias significação universal: assim, na passagem de Descartes a Kant, a burguesia institui no plano da razão, a princípio arma revolucionária da classe em ascensão, a homogeneidade pacífica do Homem universal, à sua imagem e semelhança, o que inclui a exclusão ou a inclusão forçada dos que padecem a diferença social que se instaura quando a burguesia passa de classe ascendente a classe dominante. Observe-se a correspondência entre a concepção ideológica da totalidade e a totalidade sistemática que a filosofia elabora para resguardar as certezas que sustentam a classe dominante.

"A mais ampla totalização filosófica é o hegelianismo. Nele o Saber é alçado à sua dignidade mais eminente: ele não se limita a visar ao ser de fora, ele o incorpora a si e o dissolve em si mesmo: o espírito se

HISTÓRIA E SUBJETIVIDADE

objetiva, se aliena e se retoma incessantemente, se realiza através de sua história. O homem se exterioriza e se perde nas coisas, mas toda alienação é superada pelo saber absoluto do filósofo" (QM, 115). De um lado, a realização através da história supõe o caráter concreto das peripécias humanas; de outro, a incorporação delas no sistema do saber absoluto dissolve essa concretude em prol da generalidade abstrata do sistema. A *experiência* torna-se abstratamente determinada. A presença virtual do absoluto faz com que o movimento de ser, pontuado por vivências tais como o sofrimento e a morte, as derrotas e as frustrações, a tragicidade concreta da vida – tudo isso seja absorvido pelo sistema e, de alguma maneira, diluído num percurso *a priori* necessário: tudo é mediação para o absoluto, tudo é relativo a essa finalidade na qual o concreto e o abstrato se integrarão na suprema conciliação. Pode-se falar de um processo, mas devemos concebê-lo teleologicamente: seu sentido se desvelará na totalidade absolutamente realizada.

A essa totalização implacável se opõe Kierkegaard, reivindicando a experiência singular de uma subjetividade vivida que não se integra num sistema e que se recusa a admitir a superação das vivências individuais. "O homem *existente* não pode ser assimilado por um sistema de ideias; por mais que se possa dizer e pensar sobre o sofrimento, ele escapa ao saber, na medida em que é sofrido em si mesmo, para si mesmo, onde o saber permanece incapaz de transformá-lo"

(QM, 116). O que é dito do sofrimento vale para toda a vida subjetiva: ela não pode ser objeto de um saber, ainda mais quando a constituição desse saber implica a superação da vida subjetiva. O que Kierkegaard afirma é a irredutibilidade da existência, e o faz como cristão, ou melhor, através de uma experiência peculiar do cristianismo, bem diferente da concepção de Hegel, que o coloca como o mais elevado momento da experiência humana, como se o cristianismo tivesse vindo para resolver as contradições. Para Kierkegaard, não pode existir conciliação entre o homem e Deus, porque a infinitude divina implica a sua inevitável transcendência, que só pode ser visada pela fé. Assim a interioridade se afirma contra todo sistema, porque a existência é a "aventura pessoal de cada um em face dos outros e de Deus" (QM, 116).

Diante dessa oposição radical, como se pode dizer que a filosofia de Hegel é aquela que exprime sua época ou o "movimento geral da sociedade" – e que é a única a fazê-lo no seu tempo? A resposta de Sartre envolve três aspectos:

De fato, a filosofia de Hegel exprime o seu tempo porque a lógica da sua organização corresponde à racionalidade das técnicas sociais em vigência na sociedade. Nesse sentido o movimento social engendra a filosofia de Hegel como autêntica expressão de si mesmo.

Mas Kierkegaard tem razão contra Hegel: a mediação desfigura a vivência concreta ao integrá-la

HISTÓRIA E SUBJETIVIDADE

num sistema que pretende diluir a singularidade da experiência na totalidade compreensiva em que os paradoxos e as contradições aparecerão conciliados. O que Kierkegaard afirma contra Hegel é a irredutibilidade da existência subjetiva que, embora expressa na retórica do subjetivismo religioso, refere-se a uma realidade primordial, não redutível ao saber.

Hegel também tem razão contra Kierkegaard: as mediações enriquecem a realidade e possibilitam que se constitua sobre ela um saber abrangente e que tende a integrar todas etapas numa identificação entre razão e realidade que não é senão a síntese superior que realiza o saber absoluto. Não se trata apenas de classificar o pensador religioso dentro da figura da consciência infeliz; trata-se de superar a subjetividade como saber parcial.

Isso significa, de um lado, que Kierkegaard se opõe a Hegel graças a Hegel: ele não pode deixar a órbita do pensamento hegeliano porque, como contemporâneo, opõe-se ao pensamento dominante na medida em que só pode pensar no seu contexto; de outro lado, tudo que Kierkegaard opõe a Hegel é real e pertinente: refere-se ao que o sistema teve de sacrificar para manter a identidade entre razão e realidade, saber e ser. A verdade de Kierkegaard está na sua intransigente afirmação da incomensurabilidade entre o real e o saber. *Irracionalismo* não é a única forma de descrever essa atitude; ela pode ser vista também como a afirmação do *trabalho* próprio da interioridade, o fato de que paixões não se reduzem a ideias e tampouco são suprimidas quando conhecidas. Kierkegaard recusa a tese de que há uma relação intrínseca entre o dado de realidade e sua integração lógica no sistema de saber. Pelo contrário, há realidades cuja intensidade dramática é absolutamente contrária à possibilidade de se tornarem objeto de saber. O concreto é o indivíduo e suas vivências. O particular pode ser abstrato, quando a parte está separada do todo. Mas o singular é completo em si mesmo e, por isso, concreto, ainda que essa individualidade escape à lógica generalista do sistema. Uma ideia não pode ser mais concreta do que uma paixão.

O caráter abstrato da dialética hegeliana também foi assinalado por Marx, se bem que não no sentido de salvar inalienáveis direitos da subjetividade. Sendo o homem histórico, e tendo a história uma dimensão objetiva, o homem se objetiva na história, sem que por isso venha a se tornar *objeto*. A objetivação é o reconhecimento do homem na exterioridade que ele transforma pelo trabalho. Até aí ela nada tem a ver com a alienação e, portanto, a passagem que Hegel faz da subjetividade à objetividade *como* alienação seria puramente conceitual. Na verdade, a exterioridade por si mesma não produz alienação, antes constitui o conjunto da base material a partir da qual surgirá a consciência socialmente determinada. A contradição, portanto, não é conceitual. Ela ocorre quando, num certo período da história, as forças

HISTÓRIA E SUBJETIVIDADE

produtivas entram em conflito com as relações de produção, o que impossibilita o reconhecimento do produtor no seu produto, já que seu próprio trabalho se transforma numa força estranha. Trata-se de um processo histórico real e que deve ser apreendido por via de uma análise materialista da práxis. Por isso diz Sartre que, para Marx, a alienação "é uma realidade histórica perfeitamente irredutível a uma ideia" (QM, 117).

Assim, a condição subjetiva aparece com irredutível tanto em Kierkegaard quanto em Marx. A diferença é que, no primeiro, a subjetividade deve ser vivida e, se possível apreendida, no nível metafísico-ontológico da separação entre finito e infinito, uma vez que estar-no-mundo é estar diante de Deus, situação caracterizada pela mediação da distância infinita ou do abismo que somente a fé pode saltar. A realidade subjetiva é irredutível no plano de sua existência porque o indivíduo é tão radicalmente singular quanto é singular a sua posição diante do infinito. Nenhum sistema pode absorver essa oposição, porque ela não é lógica e sim trágica. Para Marx, o caráter irredutível da condição subjetiva deriva das contradições históricas no seio das quais se produz a alienação. A realidade dos sujeitos só pode, então, ser devidamente apreendida no contexto da compreensão de como os homens a produzem e a vivem – o que se aplica a todos os fatos humanos. Nenhum deles é completamente redutível ao conhecimento

SARTRE E O HUMANISMO

devido à primazia da realidade vivida e produzida, isto é, da história. É nesse sentido que a dialética deve ser mais do que pensada porque, antes da contradição entre as ideias, existe a contradição que ocorre na materialidade da práxis. Daí é que vem a especificidade da *existência*, se pudermos aplicar esse termo no contexto do pensamento marxiano. É válido, portanto, dizer que Kierkegaard e Marx reivindicam contra Hegel a irredutibilidade da existência subjetiva, contanto que se deixe claro que, para o pensador dinamarquês, essa irredutibilidade provém da condição metafísico-teológica que distingue o homem na singularidade de seu ser criatura; e para Marx, essa irredutibilidade provém do movimento pelo qual o homem produz historicamente sua própria subjetividade, na relação dialética com as condições objetivas. Nesse sentido Marx concorda com Hegel em que há objetivação; somente, esta é vivida e produzida na mescla da história subjetiva com a história objetiva, trabalho humano e que não pode ser totalmente remetido à marcha do Sistema em direção ao Absoluto.

Ao interpretar dessa maneira as duas formas de afirmação da irredutibilidade da existência, Sartre está mostrando que o existencialismo está nelas implicado de alguma maneira: tanto no compromisso que o pensamento de Kierkegaard mantém com a religião quanto no compromisso que o materialismo de Marx estabelece com a história. E, no caso deste

HISTÓRIA E SUBJETIVIDADE

autor, reencontramos a afirmação que já está em *O Ser e o Nada*: a existência, caracterizada como liberdade em situação, é histórica. Por que Sartre precisou colocar lado a lado Kierkegaard e Marx para repor a questão da singularidade subjetiva? Porque nesses dois autores podemos perceber que a subjetividade não é ideia ou forma, mas algo a ser afirmado, uma condição a ser conquistada pela oposição trágica, no primeiro, e pela relação dialética concreta, no segundo. A condição subjetiva significa que o homem está permanentemente em luta com Deus ou permanentemente em luta com a história. De duas maneiras diferentes, ambos afirmam contra Hegel que o universal é vazio se a sua significação não se produz no modo como com ele se confronta a subjetividade na busca da construção da singularidade.

Assim vemos mais uma vez que o nó da questão está na concepção de processo. O risco inerente à forma como Kierkegaard concebe a subjetividade singular é de um certo esvaziamento do que poderíamos chamar seu conteúdo próprio. Como a identidade do homem está em Deus, e como essa identidade foi perdida ou corrompida pelo pecado da criatura, o vínculo com o divino passa pela contradição entre graça e pecado, proximidade e distância. O sujeito tem de apegar-se ao seu próprio vazio, caso contrário a sua identidade pode ser absorvida pelo sistema abstrato que substitui a singularidade concreta pela representação conceitual, como em Hegel. Já o risco da existência singular em Marx é o de um certo desequilíbrio entre existência e história, por via do qual a existência histórica viria a ser concebida apenas como produto histórico das condições socioeconômicas, ao passo, que, na interpretação de Sartre, o que Marx propõe é que a singularidade da existência histórica subjetiva seria *produzida a partir* da base material formada pelo conjunto de condições objetivas. Portanto, a subjetividade não é vazia porque é histórica; e não é apenas reflexo da história objetiva porque o sujeito vem-a-ser conforme o que produz, isto é, o que faz de si mesmo no contexto objetivo da história que lhe é dado viver. A racionalidade dialética deve apreender esse processo ao mesmo tempo como autoprodução ou autoconstituição e heteroprodução ou heteroconstituição do sujeito. A autonomia de um sujeito histórico se constrói na relação entre liberdade e história.

A assunção do caráter histórico da existência nos previne contra a falsa universalidade, ou o fetiche burguês do Homem produzido por princípios abstratos. Com efeito, o humanismo burguês se vale da universalidade abstrata, ou a proclamada igualdade de todos os homens, para ocultar as diferenças necessárias à manutenção da classe dominante. A igualdade universal foi princípio revolucionário quando a burguesia o usou, no período de sua ascensão, como arma contra os privilégios da classe feudal. Essa igualdade se revestiu de um universalismo abstrato a partir do momento em que a burguesia, na condição de classe dominante, tem que manter os privilégios que por sua vez conquistou. Assim, não interessa ao humanismo burguês a afirmação da diferença concreta, porque, numa sociedade dividida, as diferenças se traduzem na opressão e no sofrimento concreto da classe dominada. Por isso diz Sartre que, diante da "sub-humanidade" criada pela divisão de classes, "este humanismo otimista despedaçava-se" (QM, 119). Com efeito, na medida em que o individualismo burguês atomiza a sociedade e estabelece um corte no que deveria ser a comunidade humana, a justificativa da desigualdade tem de ser uma igualdade básica e natural, metafísica e abstrata, relativa a uma "natureza" que não corresponde a nenhuma singularidade. A experiência histórica refuta por si mesma o humanismo burguês e o idealismo justificador que o acompanha.

O marxismo veio para desmistificar tudo isso. Mas a conceituação de que se serve o marxismo faz com que ele incorra no equívoco idealista. Esse equívoco se apresenta sob duas formas que convergem para o mesmo resultado. Em primeiro lugar, o dogmatismo: um conhecimento que deseja seguir o movimento da realidade histórica não pode se consolidar em doutrina, mas deve estar sempre pronto a modificar-se de acordo com as transformações que sofre a realidade a ser conhecida. Entretanto, a necessidade de estabelecer um corpo conceitual produtor de representações estáveis cristalizou o marxismo num quadro *a priori* no qual a experiência deve necessariamente se enquadrar. Um conhecimento que deveria ser uma filosofia da práxis acabou por estabelecer "verdadeira cisão que jogou a teoria de um lado e a práxis de outro" (QM, 120). Em segundo lugar, o mecanicismo: em vez de se pautar pela contingência da experiência histórica, o marxismo enveredou pelo caminho das articulações conceituais enrijecidas, deixando a experiência fora de alcance. O movimento dialético foi substituído pelo determinismo causal linear de estilo kantiano, e a análise tomou o lugar das sínteses totalizantes que são inspiradas pela observação atenta das relações internas que conduzem o processo.

O dogmatismo e o mecanicismo convergem para o mesmo resultado: o saber marxista cessou de viver *com* a história e tenta, por via de uma doutrina conservadora, produzir uma doutrina acabada *sobre* ela, o que equivale a "reduzir a mudança à identidade" (QM, 124).

O existencialismo que, como vimos, está *implicado* na afirmação da irredutibilidade da existência em Kierkegaard e Marx pode, no entender de Sartre, fazer com que o marxismo venha a respirar ares de liberdade. Apesar dos desacertos que o tem constituído, principalmente nos últimos tempos, o marxismo é a expressão filosófica de nossa época. Somente, ele o é mais pela questão que levanta do que pelas respostas que propõe. E nesse sentido, o marxismo e o existencialismo estão comprometidos com a mesma busca. De certa maneira, a crítica que o existencialismo sartriano dirige ao marxismo é análoga àquela que Marx fez a Hegel. Pois assim como a dialética hegeliana deixava para trás o concreto em prol da constituição de um saber absoluto, o marxismo também deixa escapar a experiência social e histórica no ato mesmo de torná-la objeto de um saber. Na verdade aquilo que constitui a experiência histórica tende a escapar por si mesmo do saber, razão pela qual a tentativa de encerrá-la num corpo doutrinal cristalizado equivale a uma renúncia da compreensão. Esse corpo doutrinal, Sartre o designa como "idealismo de esquerda", isto é, um uso idealista dos instrumentos de conhecimento material. Esse conhecimento mata a teoria ao imobilizá-la diante do movimento da práxis que ela deveria compreender. Mas permanece a possibilidade da compreensão, ao contrário do "idealismo de direita", intrinsecamente acobertador da concretude da experiência.

Ora, o existencialismo visa o concreto: a indeterminação da existência isenta esse tipo de conhecimento dos compromissos com as pressuposições *a priori* constitutivas de um saber. Assim, "existencialismo e marxismo visam ao mesmo o objeto, mas o segundo reabsorveu o homem na ideia e o primeiro o procura por toda parte *onde ele está*, no seu trabalho, em sua casa, na rua" (QM, 123). Quando dizemos, portanto, que algo na experiência social e histórica tende a escapar do saber, não queremos dizer com isso que o homem seja incognoscível. Ele se torna tal quando a representação conceitual, no afã de constituir um saber completo e determinado *a priori*, reduz o humano ao conceito. O humano não é inapreensível; mas só podemos apreendê-lo no acompanhamento concreto da experiência social e histórica, esse conteúdo em movimento que tem suas sinuosidades por ser ao mesmo tempo subjetivo e objetivo.

De nada adianta, por exemplo, afirmar que o homem é determinado pela história, se não entendermos que ele é determinado pela *sua* história, no duplo sentido da história individual e da história objetiva de que participa. O conhecimento verdadeiramente dialético não deveria se contentar com a afirmação da determinação, mas teria que procurar compreendê-la na sua efetivação concreta, ou seja, como acontece a cada sujeito ser determinado pelas condições em que exerce a sua liberdade. Nesse sentido a oposição liberdade / determinação é mais uma das oposições da razão analítica que tem de ser superada pela razão dialética. Não temos que escolher entre liberdade e determinismo; temos que compreender como a liberdade se exerce através das determinações, isto é, das condições que a limitam e a possibilitam.

Isso significa então que não temos de escolher entre subjetividade e história: não temos que adotar *um idealismo* que conceba a consciência como soberanamente constituinte de si mesma e da realidade;

HISTÓRIA E SUBJETIVIDADE

e não temos que adotar *um materialismo* que veja a consciência como mero reflexo de uma materialidade constituinte da subjetividade. E não devemos fazê--lo, neste caso, porque este "materialismo" é aquele que coincide com o "idealismo de esquerda", isto é, com um esquema conceitual que pretende dar conta *a priori* das relações entre a realidade material e a subjetividade. Do ponto de vista que interessa a Sartre, a realidade material é a história que se constrói sobre a base material, e essa história é construída pelos sujeitos enquanto agentes históricos. É a elucidação dessa ação que nos remete ao significado do *materialismo histórico*: este não significa apenas que a totalidade é material, mas que o homem age sobre a matéria, a partir dela, e que essa ação, na complexa multiplicidade de seus aspectos que se dão a conhecer na cultura em geral, revela o homem a si mesmo e tem consequências no rumo de suas ações e na formulação de seus projetos. A consciência não é uma coisa entre coisas, nem simples reflexo de coisas, mas uma intenção de ação, que no contexto da práxis já é sempre ação iniciada. Que essa ação suponha a materialidade do mundo e esteja entrelaçada com as coisas é algo de que não se pode duvidar depois de Marx; que essa ação possa ser reduzida à condição de matéria inerte, é algo que não se pode admitir, sob pena de incorporar a história a um monismo físico-naturalista.

Da mesma forma, é forçoso admitir, a partir da estrutura existencial designada como historicidade, que o sujeito age *historicamente*, isto é, num contexto de realidade constituído por condições objetivas. Mas, precisamente, o sujeito *age*, ou seja, exerce sua liberdade contra adversidade que é sempre a característica da situação em que se dá a liberdade em ato. É certo, portanto, dizer que, num certo sentido, esse sujeito age *de modo determinado*; mas igualmente se deve afirmar que aquilo que o determina passa pela mediação dele mesmo: as determinações são interiorizadas a partir do mundo objetivo e exteriorizadas em ações a partir da subjetividade. Consequentemente, o sujeito determinado é aquele que *se* determina a agir a partir das condições objetivas. Como vimos, o processo de subjetivação permite dizer que a subjetividade é *constituída* e não *dada*; que essa constituição envolve a liberdade subjetiva *e* as condições de seu exercício; que a interioridade é interiorização e a exterioridade, exteriorização; portanto, o saber acerca do homem só pode ser o esforço de totalização sintética dessas condições dialeticamente relacionadas. Essa é a apreensão possível do homem, do humano e da humanidade: a *verdade da história*.

Por isso, no limite, a verdade antropológica é *biografia*. Mas a história de uma vida só atinge o patamar da verdade quando somos capazes de reconhecer no sujeito individual a encarnação das condições universais que o tornam singular. Para isso é preciso reconstruir as mediações que engendram o sujeito como "totalidade destotalizada", isto é, como um

HISTÓRIA E SUBJETIVIDADE

processo de existir sempre em curso de totalização. A vivência das contradições no percurso dessa experiência que é sempre social e histórica revelam o sujeito em conformidade com o caráter singular pelo qual ele se constituiu e foi constituído. Dizer que o sujeito é um processo é dizer que ele é uma história dentro da História. Mas essa relação não pode ser entendida como a que existiria entre conteúdo e continente – ou entre subordinado e subordinante, determinado e determinante, condicionado e condicionante etc. Porque o sujeito está naquilo que ele mesmo faz, e o que faz de si é inseparável do que o que é feito dele.

É esse conhecimento que Sartre pretende atingir quando se dedica à compreensão biográfica de Baudelaire, de Jean Genet, de Flaubert. O método consiste em dois movimentos. Em primeiro lugar, a compreensão exaustiva de todas as condições que atuam como determinações da subjetividade: família, classe, época, lugar, etc., bem como da *formação* de um sujeito a que tudo isso visa. Em segundo lugar, a forma como todas essas condições determinantes foram incorporadas por *um sujeito* específico, de tal modo a compreender como se pode passar da interiorização subjetiva dessas condições objetivas à exteriorização dessas condições, transfiguradas pela mediação da subjetividade, e assim chegar ao tipo de totalização que redunda no sujeito singular. Isso permite entender o que dissemos acima: compreender *que* um sujeito é determinado significa compreender *como* ele *se* determina. Por isso os dois movimentos desse método, que Sartre chama progressivo-regressivo, são igualmente necessários. É preciso ir em busca de uma totalização dialética, embora seja duvidoso que venhamos a realizá-la. E isso pelo motivo que já vimos: o sujeito não tem a liberdade de criar o mundo em que vive; mas tem a liberdade de escolher como vai viver nele. É no âmbito dessa relação que ocorre a liberdade situada, isto é, a relação entre sujeito e história. A mera relação de determinação, no seu sentido geral, não atinge o sujeito concreto; e a ausência de determinação remete a um horizonte indefinidamente longínquo a efetividade concreta do sujeito.

A ação possui uma dimensão objetiva, mas isso não impede que ela, inclusive nos seus resultados, tenha também uma relação absolutamente intrínseca com o sujeito que age. Sendo intencional, a consciência age intencionalmente. No caso da ação histórica, as condições objetivas transformam essa intenção – e os resultados podem não corresponder, como se no trajeto do sujeito ao mundo a ação ganhasse autonomia. Mas isso se deve apenas ao fato de que cada sujeito age num mundo em que outros sujeitos também agem. Esse cruzamento de intenções e de liberdades muitas vezes frustra a intenção originária de um sujeito ou de um grupo. Isso faz parte da contingência histórica e da ambiguidade contida na frase de Marx: os sujeitos fazem a história e a

HISTÓRIA E SUBJETIVIDADE

história os faz. Nessa diferença estão também implicadas todas as mediações que permeiam a atividade. É inútil procurar aí qualquer unidade, e quem a encontra é porque já visava a experiência histórica a partir de uma pressuposição.

Fica evidente, então que, para estabelecer verdadeiramente essa rede complexa de mediações não é suficiente considerar relações de causalidade linear entre as instâncias envolvidas, conferindo ao processo um teor de unificação que seria concebido *a priori* como necessidade objetiva. Se o objetivo é determinar um sujeito por via da pluralidade de mediações presentes no processo de subjetivação, é forçoso considerar a plurivalência dos meios de que devemos nos servir para construir esse conhecimento. Essa diversidade provém do objetivo proposto: encontrar a universalidade encarnada numa singularidade. Por isso é preciso considerar a variedade de disciplinas que entram na constituição desse saber e que nos revelam a experiência social e histórica desde o domínio da empiricidade até o das significações. O que requer a adjunção de saberes que o marxismo recusa por princípio, como a psicanálise, bem como a revisão de outros que seriam mais palatáveis, como a sociologia empírica. Ora, a psicanálise, na medida em que pretende reconstituir no plano das significações a história do sujeito é absolutamente necessária à elucidação do processo de constituição subjetiva e intersubjetiva. E a sociologia empírica, se considerada apenas no plano positivista das descrições externas, pouco pode auxiliar nessa compreensão. A revisão metódica que se impõe a partir da convergência entre o marxismo e o existencialismo indica, pois, a necessidade de uma abertura interdisciplinar que se oponha às consequências de um objetivismo exacerbado, levado a pôr sob suspeição a dimensão subjetiva das mediações a pretexto de uma contaminação idealista. A complexidade da determinação da singularidade inclui exigências que a ortodoxia marxista, embora guiada pelo determinismo, se recusa a cumprir.

É nesse sentido que podemos dizer que Sartre, ao recusar a doutrina determinista, não recusa a possibilidade da determinação; pelo contrário, é seu intento realizá-la com maior rigor, o que só pode ser alcançado por uma racionalidade dialética capaz de pôr em tensão as instâncias opostas, para que, a partir dessas contradições, se possa compreender de fato a produção da realidade histórica. Não podemos fazê-lo por via da redução da oposição a uma relação de causalidade, nem por via de uma determinação hierárquica entre infraestrutura e superestrutura, muito menos pela exclusão de um dos termos da oposição, incorporando-o ao outro numa operação de conciliação. É por isso que as duas grandes instâncias, a subjetiva e a objetiva, devem ser consideradas com o peso próprio de cada uma, e através das mediações complexas que perfazem a relação. "Para aprender o

HISTÓRIA E SUBJETIVIDADE

sentido de uma conduta humana, é preciso dispor do que os psiquiatras e os historiadores alemães denominaram 'compreensão'. Mas não se trata aí nem de um dom nem de uma faculdade especial de intuição: este conhecimento é simplesmente o movimento dialético que explica o ato pela sua significação terminal, a partir de suas condições iniciais" (QM, 178).

A explicação do ato é a compreensão da irredutibilidade da liberdade. A compreensão da singularidade do sujeito – universal encarnado ou livre determinação de si – se inscreve na singularidade da *ordem humana* e as exigências postas para a constituição do conhecimento antropológico não fazem mais do que corresponder a esse perfil irredutível.

5. Humanismo e Responsabilidade

O PARA-SI TEM responsabilidade pela sua existência, isto é, pelo que lhe falta ser, pois é isso que o constitui. Em outras palavras, não sendo o sujeito algo dado, mas um processo de constituição de si, em que o *si* deve ser considerado não o *ser*, mas o *vir-a-ser*, a responsabilidade é inerente a este sujeito, ou seja, às escolhas que a cada momento ele tem de fazer no itinerário de subjetivação. Isso significa que o sujeito é responsável pela sua finitude. Na tradição, a finitude é *modo de ser* que, em princípio é dado na positividade de uma essência: ser racional, animal social, criatura, sujeito – que são outras tantas maneiras de fundamentar a finitude. O homem pode definir a sua finitude, remetendo-a àquilo que a constitui substancial e/ou formalmente. Assim, a finitude é uma *natureza* determinada – por Deus ou pelas condições materiais, por ex. Em Sartre, a realidade humana, finita e *indeterminada em sua finitude*, não pode ser remetida a qualquer instância anterior. Essa *falta* de determinação a constitui em dois sentidos:

primeiramente, no sentido da "causa inicial", ou aquilo que a teria "feito"; em segundo lugar, no sentido da causa final, aquilo *para o qual* ela teria sido "feita". Essa falta de determinação incide sobre a liberdade de escolha impedindo que ela seja tão-somente positiva: o homem é igualmente responsável pelo que escolhe e pelo que deixa de escolher, na medida em que toda eleição de possibilidade exclui outras. Assim, o homem é, seguramente, responsável pelo que vier a ser; mas, de alguma maneira, também é responsável por aquilo que não vem a ser. Em cada momento do processo de existência, ele é responsável pelo que é e pelo que não é.

Portanto, na acepção singular do ser da realidade humana, que é a existência, está envolvido o que o homem é e o que ele deixa de ser, ou aquilo que permanece como o que lhe falta ser. De alguma forma, essa relação do finito ao que ele não é foi entrevista por Descartes na prova ontológica: é não sendo infinito que o homem se reconhece finito, afirma Descartes ao destacar a primazia do infinito na representação que o homem faz de si mesmo diante da presença interna da infinitude divina. Nesse sentido, o infinito é positivo e o finito, negação. Mas em Descartes esse é um modo de afirmar que o ser infinito *existe* e que o finito dele depende por criação e causalidade. Em Sartre, não se pode afirmar a existência de Deus, mas o Em-si-para-si permanece no horizonte indicando a falta inerente ao Para-si – o que lhe falta para ser Em-si.

HUMANISMO E RESPONSABILIDADE

Nesse sentido, a finitude não tem causa nem razão, mas nem por isso a incompletude é menos experimentada pelo Para-si. As ausências que constituem o mundo humano estão aí para que as *realizemos*, isto é, para que as compreendamos e para que as efetuemos, levando-as ao limite da sua significação, que é algo como a *presença* da ausência.

Um exemplo bem concreto, do ponto de vista da história contemporânea ao autor, encontra-se nas atitudes das personagens de "Os Caminhos da Liberdade" diante da iminência da guerra. Essa guerra que não escolhi, tenho que assumi-la como se fosse minha, porque a minha condição histórica não me permite outra saída além do compromisso. Quando os europeus torcem pela paz, e a justificam concedendo a Hitler a anexação de parte da Checoslováquia, eles são responsáveis por *essa paz*, caso ela venha a se constituir. Escolher a paz não os isenta de se defrontar com a guerra que eles não desejam escolher. Escolher a guerra não os isenta de se defrontar com a possibilidade recusada da paz. "Sou responsável por tudo, de fato, exceto por minha responsabilidade mesma, pois não sou o fundamento de meu ser. Portanto, tudo se passa como se eu estivesse coagido a ser responsável" (SN 680). Assim ocorre porque, sendo o homem o ser cujo ser está perpetuamente em questão, essa questão se põe e se repõe em cada situação histórica na qual o homem tem de exercer concretamente a liberdade.

109

Quando dizemos, então, que o sujeito *se constitui* e virá a ser o que fizer de si, estamos afirmando que a responsabilidade total é inerente ao processo de subjetivação. Mas quando dizemos que o sujeito *é constituído* pelos fatos e pelos outros na história que o faz, também estamos afirmando que é integralmente responsável por si. A autoconstituição e a heteroconstituição confluem porque não há determinação que não passe pela liberdade: todos os fatores históricos que pesam sobre o sujeito atuam sobre ele pela mediação da significação que ele lhes atribui; qualquer fator natural que represente o que se entende por tendências subjetivas terá que ser, igualmente, incorporado pelo sujeito no processo de existir. Essa concepção é incômoda porque nos leva a associar responsabilidade e culpa. Mas a culpa nesse caso provém unicamente de que não há nada mais determinante em relação ao sujeito do que ele mesmo. Se meu nascimento e os eventos de minha vida me encaminham para adotar certa conduta, isso ocorre porque *me* constituo a partir do modo como essas circunstâncias me *constituem*. Elas só podem atuar sobre mim por via da inarredável mediação que sou eu mesmo. É nesse sentido que dizemos que a exterioridade atua por interiorização, e que o "efeito" não está separado da "causa" nem contido nela: ele é trabalhado *pelo* sujeito *no* sujeito.

"O existencialista (...) quando descreve um covarde, afirma que o covarde é responsável pela sua

HUMANISMO E RESPONSABILIDADE

covardia. Ele não é assim por ter um coração, um pulmão ou um cérebro covardes; ele não é assim devido a uma qualquer organização fisiológica; mas é assim porque se construiu como covarde mediante seus atos. (...) Um temperamento não é um ato e o covarde se define pelos atos que pratica" (EH, 14). Se o que faz um covarde são seus atos e a história pessoal que assim decide viver, nenhum sujeito se explica pelo determinismo histórico estrito ou pelo fatalismo naturalista. Não podemos mais contar com o respaldo desses determinismos causais que de algum modo são tranquilizadores, pois nos permitem afirmar que tanto o covarde quanto o herói o são de nascença: não deveríamos culpar um e exaltar o outro. A negação dos determinismos abre a via da possibilidade: como ninguém é herói ou covarde por essência, o herói pode sempre se tornar covarde e o covarde, herói. Realizar possibilidades é assumir compromissos: o ser humano somente será o que se tornar e isso é muito diferente de reagir, simplesmente, a uma condição dada. Entre a condição e aquilo que ela me tornaria, se a ela estivesse inelutavelmente submetido, existe a liberdade, mediação negativa e construtiva. Se me deixo condicionar, é porque neguei a possibilidade de escolher outra coisa; se resisto, é porque neguei a própria condição. Essa é a diferença entre a realidade humana e a realidade natural das coisas, razão pela qual Sartre pode afirmar que "esta é a única teoria que atribui ao ser humano uma dignidade, a única que não o transforma em objeto" (EH, 15).

Essa dignidade está na convergência da liberdade com a responsabilidade. É uma dignidade *humana* porque é atravessada pelos riscos inerentes à finitude e à contingência histórica. Para ser digno de sua humanidade, o homem tem que reafirmá-la a cada momento por via de seus projetos e dos atos pelos quais procura realizá-los e que lhe escapam, tanto quanto ele próprio escapa de si. O humanismo não é algo em que nos inserimos porque não há uma humanidade à nossa espera, como um abrigo ao fim da jornada. A humanidade só existe na medida em que a construímos com nossos atos, o que significa que também podemos destruí-la do mesmo modo.

Essa humanidade que cada um constrói ao se constituir como humano é sempre afirmada perante o outro: "o homem que se alcança diretamente pelo *cogito* descobre também todos os outros e os descobre como sendo a própria condição de sua existência. Ele se dá conta de que só pode ser alguma coisa (...) se os outros o reconhecerem como tal. Para obter qualquer verdade sobre mim, é necessário que eu considere o outro" (EH, 15-6). Não há conhecimento de si que não seja ao mesmo tempo reconhecimento pelo outro; portanto, o exercício da subjetividade é sempre intersubjetivo: somente sou sujeito perante o outro. Assim, embora não haja uma universalidade lógica que corresponda a todos os

HUMANISMO E RESPONSABILIDADE

sujeitos, há uma universalidade humana, já que, se a singularidade subjetiva implica alteridade, a condição humana tem algo de universal. Cada sujeito implica todos os outros. Esta universalidade, por ser vinculada à condição humana e não a uma essência, é sempre concreta e historicamente definida. O europeu que vive em 1945 num continente devastado e sob o impacto de uma experiência traumática, projeta-se a *partir dessa situação*, discernindo seus limites e suas possibilidades. Outros homens, em outras situações, poderão compreendê-lo desde que compreendam como, ao projetar-se, projeta a universalidade humana, construindo-a na contingência em que se insere. Essa universalidade tem a peculiaridade de ser inseparável da singularidade da situação em que é vivida e de cada sujeito que a vive. Ela não é entendida no seu teor lógico, mas é compreendida no seu perfil experiencial. Por isso o existencialismo não é um subjetivismo restrito; a subjetividade existencial não é, como a subjetividade burguesa, a sublimação do individualismo que triunfou no capitalismo.

Note-se como esse sentido de universalidade fortalece a responsabilidade a que nos referimos há pouco. Costuma-se dizer que quem não escolhe a partir de critérios definidos previamente como pólos orientadores da ação escolhe gratuitamente. Se o termo "gratuito" significa a ausência de fundamentação dada, então é certo que o existencialismo somente aceita como verdadeiramente livre esse tipo de opção. Mas, se "gratuito" significa total ausência de critério e de valor, essa crítica menospreza o fato de que a liberdade no existencialismo implica a responsabilidade pela invenção do valor que justifica o ato. E a autêntica responsabilidade só pode existir quando a escolha *não* supõe regras estabelecidas *a priori*. Ora, como cada sujeito singular encarna a humanidade enquanto condição universal, temos de convir que toda escolha repercute nessa universalidade – e o compromisso assim assumido é com o universal que cada sujeito traz entranhado na sua singularidade. É a partir dessa relação *concreta* entre singularidade e universalidade que se estabelece um humanismo *concreto*.

Quando o humanismo clássico enaltece o homem por julgá-lo capaz de grandes realizações e assinalar as metas que dessa forma pode atingir no constante progresso emancipatório, emite um juízo geral acerca das possibilidades humanas a partir de uma visão objetiva, portanto externa, dessas potencialidades e da capacidade para vir a atualizá-las. Essa visão do Homem supõe uma consideração objetiva de sua natureza e só pode acontecer a partir de uma posição externa, que se entende poder atingir pela objetividade da reflexão. Mas é impossível ao homem colocar-se fora da humanidade para sobrevoar suas possibilidades. Toda visão do homem só pode se dar a partir de uma posição interna à condição humana; não é possível emitir juízo sobre o homem que já não

HUMANISMO E RESPONSABILIDADE

esteja comprometido com a humanidade. "Não existe outro universo além do universo humano" (EH, 21). E como o homem se projeta fora de si, o universo humano está sempre sendo construído; como isso é constitutivo, não é possível situar qualquer meta em qualquer ponto do futuro, antecipando a totalização do processo de humanização.

Por isso o existencialismo concebe o humanismo como fruto do processo constante de transcendência pelo qual ocorre a subjetivação. Com efeito, *projeto* implica transcendência; e como a subjetividade é projeto, ela é inseparável do movimento contínuo de transcender-se. Essa transcendência de que fala Sartre não tem o sentido tradicional da atitude de elevar-se acima da condição humana. Significa simplesmente que o processo de constituição da subjetividade consiste numa constante superação da situação. Trata-se de uma transcendência horizontal compatível com a existência histórica. O universo humano não é o *lugar* em que o homem vive sua transitoriedade; é um processo de contínua transcendência que define o homem e a humanidade: é temporalidade. Quando dizemos que a realidade humana consiste em existir fora de si, falamos da abertura da subjetividade a esse movimento. Pois o homem não está *voltado* para si, mas *em busca* de si, *projetado* para si. Donde se conclui que o humanismo no sentido existencialista refere-se aos atos pelos quais o homem vai construindo a humanidade. Como não há essência previamente determinada, esses atos não derivam de algo que os condensasse a todos como um amálgama originário do qual os atos seriam apenas a explicitação. Como o homem não está essencialmente constituído, como a humanidade não é condição *a priori* de haver seres humanos, cada ato é constituinte e constitutivo. Por isso diz Sartre que ninguém *é* covarde ou herói, mas o indivíduo torna-se, por seus atos e por cada um deles, covarde ou herói. O humanismo existencialista tira todas as consequências do primado da existência: o homem depende apenas de si mesmo porque a condição humana não pode ser ultrapassada; ela é a realidade na qual devem acontecer todas as superações.

Sendo a realidade humana histórica, e os sujeitos agentes históricos, vemos que *humanismo* é algo inseparável de *compromisso*, porque estamos todos engajados na mesma aventura. A diferença está nos pontos de partida e de chegada que demarcam a participação de cada um. Isso decorre do que Sartre designa como "universalidade humana de condição" (EH, 16), que já mencionamos. O engajamento possui, portanto, dois aspectos que nem sempre são igualmente considerados. Primeiramente, ele é uma questão que concerne a cada sujeito: cabe a cada um assumir o compromisso que é sempre consigo mesmo, isto é, com a universalidade de condição que traz singularizada em si mesmo. Em segundo lugar, como o universo humano é intersubjetivo, esse compromisso, que só

HUMANISMO E RESPONSABILIDADE

pode ser assumido no contexto da dialética concreta entre universalidade e singularidade, somente existe no interior da comunidade humana encarnada no presente historicamente vivido. Não há como *um* sujeito engajar-se na efetuação da história sem a pressuposição de que todos os outros, de alguma maneira, o fazem. E isso muito simplesmente porque, como já vimos, os homens só são reconhecidos pelos seus atos. Sempre me defrontarei com outros sujeitos que agem, seja explicitamente por opções manifestas, seja optando por abster-se de agir, já que a única escolha impossível é não escolher.

Essa vinculação entre subjetividade e alteridade não quer dizer que Sartre tenha resolvido o problema metafísico da intersubjetividade. Não se trata de resolver a questão, mas sim de descrever ontologicamente a relação constitutiva entre ser-para-si e ser-para-outro. E trata-se também – não podemos esquecer – de compreender como essa relação se manifesta na vida histórica que ela constitui intrinsecamente.

A originalidade e a grande dificuldade do humanismo de Sartre consiste em afirmar, ao mesmo tempo, que vivemos para-outro e que não há normas éticas estabelecidas para regular essa experiência. Ser-para-outro é o que nos constitui ontologicamente; mas de que modo correspondemos historicamente a isso que nos constitui? Seria, por exemplo, adequado perguntar como *devemos* viver historicamente esse traço ontologicamente constitutivo? A questão é tanto mais grave quanto, como já vimos, só me conheço na medida em que o outro me reconhece e só desvendo a minha liberdade quando descubro a do outro. O mundo em que vivemos é aquele em que cada sujeito só decide acerca de si ao decidir acerca dos outros.

Essa questão, de natureza ética, é extremamente complicada porque o humanismo existencialista revela ao homem que, sendo ele o único legislador, está condenado a decidir sozinho acerca de si e acerca dos outros: "é no desamparo que ele decidirá sobre si mesmo" (EH, 22) e, acrescentamos, é nesse mesmo desamparo que decidirá acerca dos outros. Por que não dizer então que se trata de mero solipsismo? Porque, mesmo quando tem que decidir acerca de si, o homem o faz fora de si, já que essa é a condição que o constitui. A solidão e o desamparo são tais que nem mesmo se pode dizer que o homem está a sós consigo próprio. Ele não está com ele, não está em si, está longe de si, *para* onde o encaminha o projeto e o desejo de *si*. O homem não decide sobre os outros *depois* de decidir sobre si mesmo. Ele não é primeiramente para-si e em seguida para-outro. Ele é constitutivamente para-si-para-outro. Entretanto – e essa é a grande dificuldade – sendo para-si-para-outro está só e desamparado. O drama que uma ética existencialista teria de enfrentar é que, como não há passagem, mas simultaneidade, entre ser-para-si e

HUMANISMO E RESPONSABILIDADE

ser-para-outro, essa constituição ontológica não me permite a certeza de alcançar o outro, embora ele seja elemento constituinte do que sou para-mim. Toda vez que decido sobre mim e, ao fazê-lo, decido sobre o outro, mantenho a distância que me separa de mim e que me separa do outro.

Essa dificuldade ética é constitutiva da vida histórica. Na *Crítica da Razão Dialética* Sartre distingue entre a organização "serial" do coletivo, situação em que os indivíduos estão agregados extrinsecamente e o caráter coletivo se dá sob o signo da inércia, e o "grupo em fusão", ocasião em que o coletivo, negando e superando a inércia da série, atinge, sob pressão da práxis, a unidade viva da ação ou a "fusão" das individualidades antes conformadas à série (CRD, 361ss e 455ss). A relevância dessa concepção está em que ela nos permite passar da liberdade subjetiva à liberdade em ato na história, nos momentos em que a ação coletiva projeta o horizonte de liberdade. É o caso das revoluções, *mas apenas no momento do ato revolucionário*, que é o da transformação, portanto da liberdade, em que a história vem-a-ser algo diferente do que tem sido. Passado esse momento de fulguração da liberdade, os indivíduos se separam, os interesses se redefinem, o poder se reconstitui e volta a prevalecer a ordenação serial. Não seria o caso de constatar apenas que a solidariedade real não está integrada nos projetos humanos e que quando ela surge já

119

chega ao mesmo tempo o momento em que terá de se desfazer. A organização serial é consequência de que a inércia é aspecto constitutivo da práxis, e que somente condições históricas que não seria exagerado chamar de excepcionais podem provocar seu rompimento momentâneo. Mas o importante é notar que, quando isso ocorre, é a liberdade que se mostra como impulso histórico – evidentemente, a partir de condições históricas adequadas a esse movimento. E não é ocioso observar que, nos momentos em que se passa da série ao grupo, eclodem os episódios em que o coletivo se assume como sujeito da história, uma vez que é este o significado da "fusão": os indivíduos atuam em concerto espontâneo, como se fossem, na dimensão da ação, um único sujeito. Como nesse caso a ação é pautada por uma solidariedade vivida, que nada tem a ver com algum princípio ético-político adrede estabelecido, a responsabilidade por si e pelo outro aparece como inerente ao exercício da liberdade, porque ela se manifesta simplesmente no modo como os objetivos a atingir são colocados naturalmente como comuns, já que atingi-los é obra coletiva.

Mas, como vimos, essa fusão de liberdades é coisa rara e de brevíssima duração.

No mais das vezes, me deparo com "a existência do outro como uma liberdade colocada na minha frente, que só pensa e só quer ou a favor ou contra mim" (EH, 16). É nesse quadro de precariedade relacional

HUMANISMO E RESPONSABILIDADE

que tenho de cumprir a exigência implicada na constituição ontológica ser-para-si-ser-para-outro: ser responsável por mim é ser responsável pelo outro. E também nesse caso prevalece a simultaneidade e não a separação: os dois aspectos da responsabilidade se distinguem, mas não se separam. "Para nós (...) o homem encontra-se numa situação organizada, na qual está engajado; pela sua escolha, ele engaja toda a humanidade e não pode evitar essa escolha. (...) De qualquer modo e seja o que for que ele faça, é impossível que não tenha uma total responsabilidade" (EH, 17).

Essa complexidade da ação revelada nos vínculos com a subjetividade, com os outros e com as condições históricas objetivas fará com que Sartre critique as opções metafísicas que afirmam, de forma unilateral e excludente, o fundamento da realidade humana com base na ideia de um fundamento único da totalidade do real. A preocupação de Sartre pode ser esquematicamente colocada do seguinte modo: até que ponto a necessidade de reagir a uma metafísica idealista e suas consequências do ponto de vista da compreensão integral da realidade humana, notadamente da historicidade, implica a adoção de uma metafísica materialista e a consequente incorporação de um critério explicativo de cunho objetivista unicamente fundado na matéria?

A questão é, em primeiro lugar, evidentemente teórica. Trata-se de decidir se o fundamento da realidade é espírito ou matéria. Entretanto, no contexto sartriano, a questão assume outro perfil, que podemos chamar, aproximativamente, de prático, e que se revela na pergunta: o materialista histórico precisa professar, necessariamente, uma metafísica materialista? Já se vê que o problema, posto dessa maneira, refere-se aos fundamentos do marxismo. No texto *Materialismo e Revolução*, Sartre parte da pressuposição de que, sendo o marxismo a única expressão autenticamente filosófica do nosso tempo, ele reclama, como toda filosofia, o estatuto da universalidade. A questão é entender como se deve considerar essa universalidade no caso de uma filosofia revolucionária. A tradição sempre se pautou pela remissão do movimento real a alguma imobilidade metafísica capaz de garantir a instabilidade do mundo contingente. Assim ocorre no caso do idealismo que defende a unidade substancial do espírito e de suas representações quanto à matéria. Assim ocorre também no materialismo quando essa mesma contingência é subsumida por uma ideia de totalidade material ou de Matéria no sentido metafísico. Assim como o idealismo confere primazia à Ideia, assim o materialismo concede primazia à Matéria – e em ambos os casos a universalidade é pensada em termos de uma constituição totalizada do mundo. A metafísica cumpre aí a sua função: fornecer o substrato e projetar a totalidade.

Mas será que o materialismo histórico precisa necessariamente ser pensado a partir desse quadro?

HUMANISMO E RESPONSABILIDADE

Em outras palavras, se uma filosofia revolucionária é uma filosofia da transformação, a partir da compreensão do processo histórico no movimento de suas contradições, porque ele deveria ter como fundamento ou horizonte de explicação uma ideia de totalidade capaz de antecipar a totalidade que, no entanto, esta mesma filosofia vê como movimento em direção a outras possibilidades além daquelas que se firmaram na imagem ideológica do mundo cultivada pela classe dominante e que, por isso mesmo, necessita ser definitivamente dada para que se coloque como realidade imutável? Por que a filosofia que visa o futuro deveria imitar a racionalidade justificadora do presente, quando é exatamente essa a perspectiva a ser ultrapassada? Não haveria aí um equívoco?

"A ambiguidade do materialismo é pretender tanto ser uma ideologia de classe quanto a expressão da verdade absoluta" (MR, 195). Podemos, talvez, transformar esta afirmação em uma pergunta: o materialismo é um instrumento de compreensão da história que se revela no movimento da práxis, ou é uma teoria metafísica que afirma acerca da realidade uma verdade absoluta? Digamos que um instrumento de compreensão que num certo período histórico se faz ideologia de classe necessitaria de um fundamento ontológico que lhe desse, com clareza suficiente, as referências da representação do mundo. Mas se esta representação se dá justamente no sentido de substituir o essencialismo metafísico pelo processo histórico, porque permaneceria a necessidade de uma concepção *a priori* de totalidade necessária, se o que está em jogo agora é a compreensão imanente do movimento da realidade histórica? Para que seria preciso assumir metafisicamente o materialismo como *doutrina*?

Não há nada que obstrua mais o desenvolvimento de uma filosofia da transformação do que a ditadura do *fato*. Se o objetivo do marxismo é mudar o mundo, o marxista deveria assumir que todos os fatos estão associados às significações humanas que sobre eles se projetam. Como poderia aceitar a possibilidade de um outro mundo – e lutar por ele – acreditando ao mesmo tempo na irredutibilidade do fato, isto é, na permanência da realidade que *de fato* se apresenta nos limites do presente que a classe dominante desejaria perpetuar?

Como se vê, o problema fundamental que aqui se coloca é o da liberdade. As grandes ideias genéricas a partir das quais a metafísica tradicional articulou a realidade foram concebidas como meios de subordinar o contingente ao necessário e a singularidade à universalidade abstrata. Assim, todo singular contingente deveria incluir-se numa generalidade tão necessária quanto vazia, para aí encontrar o seu sentido. Ora, se uma filosofia da história pautar-se por tais parâmetros, as ações humanas e as intenções que as animam teriam de se subordinar

HUMANISMO E RESPONSABILIDADE

ao naturalismo das determinações factuais, porque a história não seria mais do que a pura e simples determinação necessária do encadeamento natural dos fatos.

Para Sartre, há algo mais do que aspectos epistemológicos e metafísicos a considerar, quando tais pressuposições motivam uma atitude: "Assim, ao contrário do realismo revolucionário que proclama que o menor resultado é atingido com dificuldade, no meio das piores incertezas, o mito materialista leva certos espíritos a animarem-se profundamente sobre o resultado de seu esforço. Pensam que não podem fracassar. A história é uma ciência e seus resultados estão escritos, basta lê-los. Essa atitude é, evidentemente, uma fuga" (MR, 188). Essa duplicidade entre certeza metafísica e crença psicológica resulta numa atitude que pode ser descrita como cegueira para a realidade histórica e fuga da liberdade. Aí se situa um terrível paradoxo: o projeto revolucionário de libertação se alimenta do medo da liberdade. Assim já não se trata de forjar a história, mas de encontrar os seus caminhos pré-traçados. A consequência é inquietante: o socialismo não é pensado como algo que traria a liberdade, mas sim como uma outra ordem disciplinar. E há de se esperá-la com tranquilidade, porque "a história já não é senão uma ideia que se desenvolve" (MR, 189). A metafísica materialista, e o determinismo que a acompanha, isenta o sujeito da responsabilidade pela ação histórica, como se ele deixasse de ser sujeito *da* história para se tornar sujeito *à* história.

Em suma, quando se abandona a doutrina idealista em favor da doutrina materialista, procede-se a uma mudança e não a uma superação. E o que se pode supor é que haveria uma relação bem estreita entre a preservação do teor doutrinário na passagem do idealismo ao materialismo e a preservação da ordem política como ausência de liberdade na passagem do capitalismo ao socialismo. Não há nessas observações qualquer veleidade anarquista: o que se constata é que a busca de uma segurança metafísica na adoção de uma concepção *a priori* da totalidade seria o requisito da segurança política, que no limite nos dispensa da ação (e da livre decisão), tornada desnecessária quando se pode confiar numa metafísica da história que garante a necessidade de seu curso.

Mas isso significa, no limite, que a história não é feita pelo homem. Ele seria, no máximo, uma correia de transmissão das determinações objetivas. E então cabe perguntar: o reino da liberdade pode surgir do determinismo objetivo da história? Podemos dizer que, para Sartre, o processo de subjetivação é também e ao mesmo tempo o processo de formação do agente histórico. Tanto existencial quanto historicamente, esse processo pode ser chamado de libertação. É da própria índole desse processo que ele seja uma trajetória livre em direção à liberdade, pois o homem é livre para se tornar livre. Lembremo-nos que, quando objetavam a Sartre que o homem não é livre e pode, no máximo, desejar vir a sê-lo, ele respondia que é preciso ser livre para desejar a liberdade. Não se trata de um jogo de palavras, mas algo que decorre do primado da existência: ser livre para desejar ser livre significa que o homem torna-se livre na medida em que faz a experiência da liberdade, quaisquer que sejam as limitações históricas dessa experiência.

Nesse sentido, a liberdade não pode surgir das condições objetivas, a menos que o sujeito, em confronto com tais condições, as transforme em impulso para a liberdade, dando-lhes uma inflexão porventura contrária ao caráter determinante que possam ter. Isso significa, apesar de todas as limitações, assumir a responsabilidade pela história. Com efeito, a transformação histórica é primeiramente um projeto, algo que diz respeito ao futuro e ao possível, pensados não como ideias, mas como possibilidades a realizar. Esse projeto é formulado subjetivamente porque é pensado e vivido *contra* as condições objetivas. Como visualizar um outro mundo possível já significa um início de ação no sentido de realizá-lo, a responsabilidade inerente a essa liberdade já se apresenta desde então.

Assim devemos entender que, supondo que o socialismo se realize, o reino da liberdade não estará instaurado por si mesmo, porque seria contraditório que a liberdade fosse um efeito determinado de qualquer condição objetiva. O socialismo será *meio* para realizar o reino da liberdade como fim, e é também como meio que ele deve ser pensado na etapa da luta pela sua realização. Não há como ignorar ou minimizar a interferência da subjetividade nesse processo, nem como separar a liberdade subjetiva da responsabilidade histórica. Cabe aos sujeitos históricos a decisão sobre o que há de vir: emancipação ou barbárie.

Conclusão

AO EXAMINAR a concepção de liberdade em Descartes, nos dois aspectos que são tratados na Quarta Meditação, Sartre acredita poder extrair algumas consequências reveladoras. Em primeiro lugar, como se sabe, Descartes afirma o caráter infinito da vontade humana, aquilo pelo que seríamos semelhantes a Deus. O poder do sim e do não é, em nós, tão grande quanto em Deus. Assim, quando efetuamos um juízo, somos livres para afirmar ou negar qualquer coisa, porque o juízo é uma *ação* exercida a partir de ideias que, em si mesmas, não afirmam nem negam coisa alguma acerca de si próprias. Por isso Descartes já havia estabelecido, na Terceira Meditação, que, quer eu pense numa cabra ou numa quimera, tanto em um caso quanto no outro é igualmente verdadeiro que penso. Mas, quando acrescento a essas ideias alguma coisa pela ação da vontade (afirmo, por exemplo, que em ambas há correspondência com algum objeto existente fora da mente), posso acertar ou errar. Isso nos leva ao segundo aspecto. Como em nós o caráter infinito da vontade contrasta com a limitação do entendimento, somente produzirei juízos verdadeiros se exercer a ação de afirmar ou negar dentro dos limites daquilo que se pode pensar clara e distintamente. Ao seguir esse preceito, previno o erro pela limitação voluntária da liberdade de afirmar ou negar.

Assim se estabelecem duas ordens. Na primeira, a liberdade é ontologicamente anterior à verdade, supondo que, ao exercer a ação de afirmar algo, estaria instaurando a verdade a partir da vontade. Numa segunda ordem, a verdade é logicamente anterior à liberdade, uma vez que devo afirmar algo como verdadeiro apenas se isso assim aparecer ao intelecto. No primeiro caso, o princípio é a ação; no segundo, o conhecimento. Essa oposição, que em nós é aquela existente entre infinito e finito, concilia-se em Deus, posto que nele tanto a vontade quanto o intelecto são infinitos, não havendo, em consequência, diferença entre querer e conhecer. Por isso se fala do "voluntarismo" do Deus cartesiano, o que não é uma designação inteiramente adequada, posto que o que Descartes deseja afirmar não é a primazia da vontade sobre o intelecto, mas a dimensão infinita de ambas as faculdades.

Por que no homem ocorre a oposição? Porque fomos criados *tanto* a partir da infinitude de ser que há em Deus *quanto* a partir do nada de onde provém a dimensão relativa de ser que nos foi outorgada. Isso significa que, como Deus nos criou a partir do nada,

CONCLUSÃO

o que está de acordo com seu poder, o nada nos constitui naquilo que diz respeito à nossa carência – a condição finita. Assim os dois aspectos se explicam, de modo a não haver qualquer contradição na criação: somos semelhantes a Deus na dimensão infinita da vontade, que é, então, absolutamente livre, e somos diferentes de Deus em tudo o mais, isto é, em tudo em que fazemos a experiência da limitação, notadamente no intelecto.

O que Descartes conclui, então, é coerente com o objetivo de atingir a verdade ou de constituir o saber: devemos utilizar a liberdade, em si mesma infinita, não como expansão contínua da espontaneidade ou da "produtividade"; mas, ao contrário, para limitar a ação da vontade, de modo a que o resultado do juízo seja sempre conforme à verdade. Talvez pudéssemos dizer aqui, em termos não inteiramente cartesianos, que somos *absolutamente* livres por natureza, mas somos *relativamente* livres por condição.

E isso ocorre porque o homem está *situado* perante a verdade assim como está situado diante de Deus. A prova da existência de Deus nos mostra que a ideia de infinito tem valor objetivo porque é impossível negar a realidade do ser infinito como anterior ao ser finito, condição de sua existência e condição da verdade. Assim a pré-existência de Deus é também a pré-existência da verdade no seu caráter absoluto. Em consequência, o homem é *livre* para descobrir a verdade, desde que ele exerça essa liberdade de modo a que a verdade intuída seja *conforme* a sua natureza absoluta, que se identifica com a natureza absolutamente infinita de Deus. Ao contrário de Deus, o homem está destinado a fazer a experiência da distância e da diferença que existem entre *querer, ser* e *conhecer*. Por isso, embora a liberdade não pertença à ideia e sim ao juízo, é a partir da ideia (clara e distinta) que se *constitui* o conhecimento da realidade, embora o conhecimento derive da liberdade, como mostra a própria *liberdade de duvidar*.

Pelo contrário, Deus *institui* a realidade e a verdade a partir da liberdade, em todos os seus aspectos, pois, para Descartes, mesmo as verdades chamadas "eternas" como as da lógica e da matemática, foram criadas por Deus de modo totalmente livre.

No entanto, tendo em vista que o *racionalismo* de Descartes não recua diante da possibilidade de colocar Deus acima da razão, sua concepção de liberdade, na duplicidade que a caracteriza, traz um problema. "Ora, essa liberdade que ele inventou, e que pode apenas conter os desejos até que a clara visão do Bem determine as resoluções da vontade, não poderia justificar esse sentimento orgulhoso de ser o verdadeiro autor de seus atos e o criador contínuo de livres empreendimentos como tampouco lhe oferece meios para inventar os esquemas operatórios conforme as regras gerais do Método" (LC, 297). Para Sartre, há uma nítida contradição em Descartes: de um lado está a liberdade requerida

CONCLUSÃO

pela livre criação do conhecimento, tarefa própria do indivíduo autônomo e emancipado, que descobre na subjetividade a única instância reguladora da investigação teórica e da normatividade moral. De outro, está a exigência absoluta da verdade que este homem não poderia cumprir, por estar dividido entre a liberdade de pensar e a determinação do que deve ser pensado como verdadeiro. Essa contradição indica que, se todas as instâncias de afirmação da verdade devem ser recusadas em prol da liberdade do sujeito pensante, nem por isso este sujeito está habilitado a encontrar a verdade por si mesmo, isto é, a reinventá-la inteira e livremente.

E a razão disso é que Deus já inventou a verdade; cabe ao homem descobri-la como quem descobre um continente que já lá estava, embora ainda não visitado. Isso se explica, mas é preciso considerar as consequências. "É que Descartes, homem de ciência dogmático e bom cristão, se deixa esmagar pela ordem pré-estabelecida das verdades eternas e pelo sistema eterno dos valores criados por Deus. Se não inventa o Bem, se não constrói a ciência, o homem só é livre nominalmente" (LC, 297). Aqui se desvela a raiz da contradição: Descartes sabe que a liberdade, se existe, só pode ser absoluta para ser fiel ao seu próprio conceito e para cumprir as exigências de sua própria realidade. Mas sabe também que o homem é atravessado pela negatividade e que isso constitui um obstáculo intransponível à afirmação da plena positividade da liberdade. Note-se que somos mais livres quando erramos porque é aí que se manifesta esse poder que é igual ao de Deus. Quando acertamos, apenas nos colocamos em conformidade com a verdade garantida pelo Deus veraz. Ao contrário do que dirá Bergson, para Descartes Deus não criou criadores. Deus é absolutamente livre porque seu ser não se defronta com a negatividade. Como o erro, o mal e o nada não provêm de Deus, Descartes é obrigado a encarar essa possibilidade terrível: o homem só é inteiramente livre quando, voltando-se para o erro, o mal e a privação, "escapa" de Deus – de uma maneira curiosamente simétrica, porque também oposta, àquela em que o Eu pensante, na afirmação absoluta da verdade de sua própria existência, escapa ao Deus Enganador.

Por tudo isso, Descartes, ao conceber a liberdade absoluta, teve também de atribuí-la, na sua total positividade, ao ser infinitamente positivo e único capaz de exercê-la de acordo com essa positividade. "Numa palavra, faltou-lhe conceber a negatividade como produtora" (LC, 296). No homem, que vive em situação histórica em confronto com a facticidade e a alteridade, a liberdade aparece primeiramente como negação. Mas esta negação produz o projeto de afirmar outra realidade, outra história, e a condição da formulação desse projeto é já vivê-lo, de alguma forma, no modo do possível. Nesse sentido, há de fato distância e diferença entre *querer*, no regime da

CONCLUSÃO

projeção e da possibilidade, e *ser*, na efetividade do acontecimento. Não nos compete *instituir* imediatamente a realidade ao *querer* que ela *aconteça*. Só podemos negar, ainda uma vez, o acontecimento e projetar o futuro, que sempre poderá, por sua vez, negar as nossas intenções na dimensão objetiva do vir-a-ser histórico.

Mas esses limites não nos induzem a delegar a liberdade e a nos conformarmos com a dimensão objetiva da existência histórica. Aparentemente, a ambiguidade de Descartes consistiria em que ele teria concebido a liberdade do único modo como se pode fazê-lo e em seguida a teria delegado a Deus. Nem por isso essa ambiguidade é menos reveladora da liberdade. "Seriam necessários dois séculos de crise – crise da fé, crise da Ciência – para que o homem recuperasse essa liberdade criadora que Descartes colocou em Deus e para que enfim se vislumbrasse esta verdade, base essencial do humanismo: o homem é um ser cujo surgimento faz que um mundo exista" (LC, 300). Essa verdade não assinala o *poder* do homem, porventura análogo ao do Deus criador: revela apenas a *fatalidade da liberdade*, isto é, o peso da responsabilidade inerente ao fardo que o homem carrega, que o constitui e ao qual ele não pode renunciar porque se trata da condição *humana*. Reitera-se aqui então o que já designamos como o humanismo *difícil* de Sartre: o homem detém a liberdade que Descartes colocou em Deus como que para afastar do homem algo que ele talvez não pudesse levar consigo. Mas a verdade essencial do humanismo é que o homem é responsável pela Verdade e pelo Bem, dos quais o único "fundamento" (cuja precariedade contraria o peso da significação que se dá à palavra) é a liberdade.

Referências bibliográficas e abreviaturas

SN - SARTRE, J-P. *O Ser e o Nada. Ensaio de Ontologia Fenomenológica*. Tradução brasileira de Paulo Perdigão. Petrópolis: Vozes, 2001.

L - _____. *Que é Literatura*. Tradução brasileira de Carlos Felipe Moisés. São Paulo: Ática, 1989.

QM - _____. *Questão de Método*. Tradução brasileira de Bento Prado Júnior. São Paulo: Nova Cultural, 1987 (Coleção "Os Pensadores").

EH -_____. *O Existencialismo é um Humanismo*. Tradução brasileira de Rita Correia Guedes. São Paulo: Nova Cultural, 1987 (Coleção "Os Pensadores").

CRD -_____. *Critique de la Raison Dialetique*. Paris: Gallimard, 1985.

MR -_____. "Materialismo e Revolução". In: *Situações III*. Tradução portuguesa de Mário Gonçalves. Lisboa: Europa-América, 1971.

LC -_____. "Liberdade Cartesiana". In: *Situações I*. Tradução brasileira de Cristina Prado. São Paulo: Cosac Naify, 2005.

Fontes Sabon e Univers / *Papel* Pólen Soft 80 g/m² / *Impressão* .... / *Impresso em* Novembro de 2013